Leben und Arbeiten mit türkischen, arabischen und muslimischen Familien

Ein einfühlsamer Ratgeber

3. Auflage

Dr. Cemil Şahinöz

Nachdruck oder Vervielfältigungen, auch auszugsweise, bedürfen der schriftlichen Zustimmung des Autors.

Herstellung und Verlag:

BoD- Books on Demand, Norderstedt

ISBN 9783751906388

©2020 www.misawa.de

Cover: Erman Doğan

1. Auflage 2010

3. Auflage 2020

Vorwort

Die vorliegende Arbeit war zunächst ein Vortrag mit dem Titel "Zugang zu türkischen, arabischen und muslimischen Familien". Zudem sind einige der Themen aus dieser Arbeit Bestandteil von interkulturellen Trainings, Sensibilisierungsseminaren und Workshops zur Förderung von interkulturellen Kompetenzen, die ich anbiete. Auf Grund von positiven Rückmeldungen wurden Teile des Vortrages und der Seminare in dieser Form verschriftlicht.

Wir leben in einer interkulturellen Gesellschaft, in der verschiedene Kulturen aufeinander treffen. Der Zugang zu den verschiedenen Kulturen ist für Außenstehende nicht nur aus Sprachgründen oft schwierig, sondern vor allem auch aus kulturellen Gründen. Das Wissen und Erkennen von bestimmten kulturellen und religiösen Werten und Mustern jedoch erleichtert diesen Zugang. Diesem Ziel widmet sich dieses Buch, in dem die türkische und arabische Kultur nähergebracht werden.

Hinzu kommt, dass 56% der Muslime in Deutschland türkischer Herkunft sind. 2011 waren es sogar 67,5% (DIK, 2015). 98,8% der Türken sind Muslime und 85% der Muslime in Berlin geben an, dass Religion in ihrem Alltag eine große Rolle spielt (zum Vergleich: 88% in London, 68% in Paris; Nyriri, 2007). Ähnliche Zahlen ergeben sich für arabische Menschen in Deutschland. Dies zeigt, dass die Religion für türkische und arabische Familien kein Nebenthema ist. Der Islam spielt eine wichtige Rolle im Alltag dieser Menschen.

Daher wird auch das Thema Islam behandelt. Dabei geht es nicht um die theologischen Grundlagen des Islams, sondern um spezifische Themengebiete, die die Kultur prägen, wie z.B. Krankheit, Gesundheit, Beratung und Bewältigung von Krisensituationen.

Um das Verstehen zu erleichtern, werden viele Themen mit alltagsbezogenen Beispielen beschrieben, so dass sich der Leser selbst in die Situationen hineinversetzen oder sogar vieles wiedererkennen kann.

An manchen Stellen kann es zu Verdoppelungen kommen. Dies ist beabsichtigt, da einige Themen auch eigenständige Themen sind und daher ein Vernachlässigen bestimmter Gebiete zur Unvollständigkeit führen würde.

In erster Linie richtet sich das Buch an Multiplikatoren, die mit türkischen, arabischen und muslimischen Familien arbeiten, wie z.B. an Berater, Psychologen, Therapeuten, Lehrer, Erzieher, Polizisten, Flüchtlingsberater, Migrationsberater, Mitarbeiter der Stadtverwaltungen, Staatsanwälte, Richter, Sozialarbeiter, Migrationsdienste, Seniorendienste, das medizinische Personal, speziell Ärzte, Hebammen, Krankenschwester, Kinderärzte, Besuchsdienste, Arzthelferinnen, Gynäkologen aber auch an gewöhnliche Interessierte, die einen Einblick in diese Kulturen gewinnen möchten.

Dr. Cemil Şahinöz

1 Das Phänomen der Migration

Das Thema der Migration und Integration ist von großer Bedeutung. Wirtschaft, Kultur und Wissenschaft stehen weltweit im Einfluss der Migration. Durch die Migration gibt es in Einwanderungsländern demografische Veränderungen. Das Zusammenleben findet in multiethnischen Gesellschaften statt.

Vorurteile sind meistens dort vorhanden, wo es wenige Kenntnisse über fremde Kulturen gibt. Hierdurch entstehen Missverständnisse. Ein besseres Verständnis zueinander schafft jedoch ein günstiges emotionales Klima. Der eigene Horizontkreis erweitert sich. Man eignet sich mehr Kenntnisse über andere Kulturen an und kann seine eigene Identität und Kultur wiederum besser verstehen.

Weltweit leben ca. 3,4% der Weltbevölkerung nicht in ihren Herkunftsländern (UN, 2017). Der größte Teil der Einwanderung findet in westeuropäische Staaten statt.

In Deutschland wurde erst mit den Gastarbeitern Migration zum Thema. Auf Grund von Fachkräftemangel kamen zwischen 1955 und 1973 ausländische Arbeitnehmer u.a. mit dem Ziel, das Land nach dem 2. Weltkrieg wiederaufzubauen. Die eigenen Ressourcen Deutschlands reichten nicht aus, um die Nachfrage auf dem Beschäftigtenmarkt zu decken.

Der deutsch-italienische Vertag von 1955 war Anlass einer Zuwanderungswelle. Die Forcierung der Anwerbung nach dem Bau der Berliner Bauer (1961) führte

dazu, dass der Zustrom der potenziellen Beschäftigten-
kräfte nur noch im geringen Maße stattfand.

Die meisten Gastarbeiter wurden in der Türkei, in Italien
und im ehemaligen Jugoslawien angeworben. Zum größten Teil waren es ungelernte oder angelernte junge
Männer.

1973 gab es ein Anwerbestopp. Inzwischen gab es ca. 3,9
Millionen Gastarbeiter in Deutschland. Die Regierung
erhoffte sich jedoch, dass die Gastarbeiter wieder zurückkehren würden. Daher gab es sozialpolitisch keine
gezielten Förderungsmaßnahmen für diese Menschen.
Aus den politischen Kreisen wurden langsam etliche
bedenkliche Äußerungen laut.

Zwischen 1973 und 1979 gab es einen kontinuierlichen
Nachzug von Familienangehörigen der eingeladenen
Gastarbeiter. Willy Brandt äußerte damals, dass die
Grenzen dieses Landes überstiegen seien. Es gab weitere
Debatten bzgl. der Signifikanz von Migration. Deutsch-
land wurde nicht als Einwanderungsland empfunden.

Hinzu kamen EU-Bürger, die eine Freizügigkeit in der
EU genossen, Bürger anderer Staaten, die sich aufgrund
entsprechender Abkommen im Land aufhalten konnten
und politische Flüchtlinge, vor allem aus Bürgerkriegsre-
gionen.

So entstanden 1979 erste Integrationskonzepte. 1981 gab
es ein plötzliches Rennen um eine Begrenzungspolitik.
Auf der staatlichen Ebene wurde die Einreisebegrenzung
der Migranten aus der Türkei zu einem offiziellen Ziel

erklärt. Und es kam das Rückkehrförderungsgesetz. Den Gastarbeitern bot man finanzielle Hilfe an, wenn sie in ihre Heimat zurückkehren würden, was dann einige auch taten.

Die Aussiedler erhielten schon 1965 die Erlaubnis zur Wiederrückkehr. Im Laufe der 70er bis Mitte der 80er Jahre gab es jedoch nur einzelne Migrationsfälle von Aussiedlern. Erst während und nach der Perestroika-Zeit (1986) in Sowjetunion gab es Massenwanderungen nach Deutschland. Im Laufe der 90er Jahre wurde die Migration von Aussiedlern erschwert. Gründe hierfür waren u.a. a.) eine große Zahl von Aussiedlern, die Anträge auf eine Einreise stellten, b.) zunehmende Zahl von Eingereisten, die wenige Bezüge zur Kultur ihrer Vorfahren hatten und c.) es keine Möglichkeiten zur Gewährleistung der Integration von diesen Personengruppen gab.

Nach der Jahrhundertwende gewann das Thema Integration in Deutschland noch einmal an Schwung. Diesmal ging es um Begrifflichkeiten wie Chancengleichheit und Diskriminierung. Integrationsbeauftragte und Migrationsfachdienste wurden in allen Städten, Gemeinden und Kommunen eingerichtet. Integrationskonzepte sprangen wie Pilze aus dem Boden. Als 2015 Geflüchtete in größeren Zahlen nach Deutschland kamen, erhitzten sich die Debatten. Rechtsextremismus wurde wieder zu einem Thema. So wird das Thema der Migration noch mehrere Jahre die Gesellschaft beschäftigen.

2 Auswanderung aus Deutschland

Inzwischen ist aber auch ein neues Phänomen erkennbar: Auswanderung aus Deutschland. Laut amtlicher Statistik sinkt der Wanderungssaldo türkischer Staatsbürger seit 2002. Und seit 2006 ist er erstmals negativ, d.h. es wandern mehr Türken aus als zu (Obergfell, 2016).

Es gibt keine verlässlichen Daten über den Typus des türkischen Auswanderers, jedoch ist ersichtlich, dass Hochqualifizierte per se häufiger auswandern. Junge, ausgebildete Türkeistämmige aus Deutschland wandern ins Herkunftsland ihrer Eltern aus. Strukturell gut integrierte Migranten der zweiten und dritten Generation verlassen freiwillig Deutschland und ihre Arbeitskraft hier geht verloren.

Ein wichtiger Grund für eine Auswanderung ist ein "fehlendes Heimatgefühl in Deutschland" (42%). Knapp 80% glauben nicht, dass eine glaubwürdige Integrationspolitik herrscht (Spiegel, 2008). Auslöser dieser Gefühle sind die sehr intensiv geführten Integrationsdebatten mit einer negativen Problemfokussierung auf so genannte integrationsunwillige Migranten sowie auf die vermeintliche Unvereinbarkeit von Islam und Rechtsstaat. Die Zuschreibung, als Migrant gehöre man einer Gruppe an, die anders und letztlich problematisch ist, führt bei den Betroffenen oft zu einer Abwehrreaktion. So wird durch undifferenzierte Integrationsdebatten die Wahrscheinlichkeit, dass gut integrierte Akademiker das Land verlassen, immer höher.

Hinzu kommt noch, dass sich die wirtschaftliche Situation in der Türkei wesentlich verbessert hat. In den letzten Jahren ist das Bruttoinlandsprodukt (BIP) um durchschnittlich 4,6% pro Jahr gewachsen. 2001 betrug das BIP pro Kopf 3053,28$, 2013 betrug es 12395,37$ (Statista, 2019c). Die Jobaussichten für junge Akademiker mit Auslandserfahrung sind sehr gut. Da auch durch Bekannte und Verwandte in der Türkei schon ein soziales Netzwerk und Ressourcen vorhanden sind, wird die Auswanderung aus Deutschland in die Türkei für diese Gruppe attraktiver.

3 Migrationstheorien

Soziologisch gibt es verschiedene Gründe, warum Menschen auswandern.

Ökonomisch motivierte Ansätze begründen Wanderungen in erster Linie mit den Lohnunterschieden zwischen den Ländern. Die Auswanderer machen einen "Kosten-Nutzen-Kalkül". Die Summe der persönlichen Entscheidungen und der Ausgleich der Lohndifferenzen sind dann entscheidend. Wenn der Lohn im Zielland gleich oder niedriger ist, findet demnach keine Migration statt.

Die **Push-and-Pull-Modelle** gehen davon aus, dass nicht nur der ökonomische Rationalismus zur Auswanderung führt. Demnach gebe es Push- und Pull-Faktoren. Push-Faktoren sind Abstoßungsfaktoren in der Heimatregion und Pull-Faktoren sind Anziehungsfaktoren in der Zuwanderungsregion.

Andere Typologien, die sich zu den bereits genannten Arten nicht zuordnen lassen, sind u.a. ursprüngliche Wanderung (primitive migration), gewaltsame Wanderung (forced migration), durch einen Treib hervorgerufene Wanderung (impelled migration), freiwillige Wanderung (free migration) und massenhafte Wanderung (mass migration).

4 Bezeichnung

> Gast und Fremder
>
> Fremd; sich nicht auskennen
>
> Ausländer -> Pass bezogen
>
> Menschen mit Migrationsgeschichte (hintergrund), Zuwanderungsgeschichte (hintergrund) -> staatlich
>
> Menschen mit Migrationsvorgeschichte -> wissenschaftlich
>
> Migration bis zur dritten Generation

Der Soziologe Georg Simmel unterscheidet den Fremden und den Gast folgendermaßen: Der Gast ist der, der heute kommt und morgen geht. Der Fremde ist der, der heute kommt und morgen bleibt (Simmel, 1908, S. 509; vgl. Schütz, 1972).

Die Gastarbeiter aus den verschiedenen Ländern kamen alle als Gäste nach Deutschland. Sie wollten alle irgendwann wieder zurück. Ihre Motivation war dementsprechend. Demnach brauchten sie weder die deutsche Sprache zu erlernen, noch sich Bildungsmäßig weiterzubilden. Auch die Einheimischen verlangten von ihnen nicht, dass sie die deutsche Sprache erlernten.

Doch sie wurden schnell von Gästen zu Fremden, weil sie nicht zurückkehrten. Sie blieben in Deutschland. Und da sie sich in Deutschland nicht auskannten, waren sie eben die Fremden. Sowohl aus ihrer eigenen Sicht als auch aus der Sicht der Einheimischen.

Zunächst waren sie nur die "Gastarbeiter". Dann wurden sie zu "Ausländern". Heute sind sie die "Migranten". Obwohl auch hier kein Konsens herrscht. Es gibt verschiedene Bezeichnungen, die verwendet werden: Menschen mit Migrationsgeschichte, Menschen mit Zuwanderungsgeschichte, Menschen mit Migrationshintergrund, Menschen mit Zuwanderungshintergrund.

Bei jüngeren Generationen verwendet man öfters den Begriff "Menschen mit Migrationsvorgeschichte." Hierbei soll betont werden, dass die Migrationsgeschichte der eigenen Geschichte vorgeht.

Damit jemand mit einem dieser Begriffe bezeichnet werden kann, werden soziologisch die letzten drei Generationen betrachtet. Dass heißt, erst, wenn man drei Generationen vorher niemanden mehr in der Familie hat, der immigrierte, wird man nicht mehr als Migrant bezeichnet.

Juristisch gesehen, zählt nur der Begriff "Ausländer". Alle, die keinen deutschen Pass haben, sind demnach Ausländer. Alle anderen sind Deutsche.

Der Einfachheit halber benutze ich in dieser Arbeit den umgangssprachlichen Begriff "Migrant".

5 Multi oder Inter?

Der Begriff "Migration" kommt von "migratio" ("migrare") und bedeutet Auswanderung. Im soziologischen Sinne versteht man darunter den längerfristigen Wohnortwechsel eines Menschen.

Integration ist vom lateinischen integratio abgeleitet und bedeutet in der Soziologie die **Ausbildung einer Lebensgemeinschaft.** Integration beschreibt einen dynamischen, lange andauernden und sehr differenzierten Prozess des **Zusammenfügens** und **Zusammenwachsens**, der den Zustand der **Exklusion** und der **Separation** aufheben soll.

Der Soziologie Meißner beschreibt Integration als ein Prozess, bei dem verschiedene Teile zu einem neuen Ganzen zusammengefügt werden. Es ist die Entstehung von gleichgewichtigen Interdependenzen zwischen Personen und Gruppen, was man unter Integration versteht. Minderheit und Mehrheit treffen aufeinander. Es entsteht ein Prozess des Austauschs, dessen Ergebnis eine Gesellschaft ist, die an kulturellem Reichtum gewonnen hat. Ziel der Integration ist die gleichberechtigte wirtschaftliche, gesellschaftliche, politische und kulturelle Teilhabe der Zuwanderer in der aufnehmenden Gesellschaft. Nach dem Soziologen Hartmut Esser gelingt dieser Prozess nur dann, wenn kognitive, strukturelle, soziale und identikative Integration in den Blick genommen werden. Luhmann dagegen, benutzt den Begriff der Integration gar nicht und ersetzt ihn mit Inklusion / Exklusion. Er geht davon aus, dass eine Integration in funktional, differenzierte Teilsysteme nicht möglich ist. Stattdessen findet eine Inklusion, also Teilnahme von Personen an den jeweiligen Leistungen der ausdifferenzierten gesellschaftlichen Teilsysteme und Organisationen, oder eine Exklusion, die Nichtteilnahme, statt.

Auch multikulturell und interkulturell sind Begriffe, die öfters durcheinandergeworfen werden.

> **Multikulturell** bedeutet, dass mehrere Kulturen nebeneinander existieren, ohne sich zu berühren.
> **Interkulturell** ist die Schnittmenge, wenn sich verschiedene Kulturen schneiden. Es ist das "Neue", was hervorkommt.

Das Anliegen sollte sein, eine interkulturelle Gesellschaft aufzubauen. Also eine Gesellschaftsform zu entwickeln, in der **nicht nebeneinander, sondern miteinander** gelebt wird und in der die soziale und ethnische Herkunft keine Rolle mehr spielen.

Der Begriff interkulturell kommt übrigens aus der Wirtschaft. Wie so häufig, war auch hier die Wirtschaft Vorreiter. Denn um das eigene Produkt auch in anderen Ländern verkaufen zu können, bedarf es, dass man den Markt und die Kultur der Zielgruppe genauestens einstudiert. Nur so kann man das Produkt "an den Mann und an die Frau" bringen. Daher ist interkulturelle Arbeit für viele international agierende Unternehmen ein lange bekanntes Arbeitsfeld.

6 Keine Bewertung

> › Offenheit und Respekt
> › Alle Kulturen sind auf gleicher Höhe
> › Kein Land ist kulturell homogen

Es ist wichtig, dass man einer fremden Kultur erst einmal mit Offenheit und Respekt begegnet. Ein Dialog kann nur stattfinden, wenn man davon ausgeht, dass alle Kulturen auf gleicher Höhe sind. Es gibt keine Kultur, keine Ethnie, die besser ist als eine andere. Daher muss ein Dialog immer auf gleicher Augenhöhe stattfinden.

Weiterhin sollte bewusst werden, dass kein Land kulturell homogen ist. Menschen sind verschieden und Kulturen sind nicht homogen. Wenn in dieser Arbeit also von Türken, Arabern oder Muslimen gesprochen wird, sollte klar sein, dass nicht alle Türken, Araber oder Muslime so sind, wie hier in diesem Buch beschrieben. Voreilige Deutungen sollten also vermieden werden.

7 Anekdote

Bevor nun in die eigentliche Thematik der türkischen, arabischen und muslimischen Kultur eingestiegen wird, eine kurze Anekdote, um zu verdeutlichen, warum interkulturelle Kompetenzen wichtig sind: „Eine türkische Familie zog in eine neue Wohnung ein, in direkter Nachbarschaft zu einer deutschen Familie. Die türkische Familie backte einen Kuchen und wartete darauf, dass die Nachbarn sie besuchen und sie willkommen heißen. So kannten sie es aus ihrer eigenen Tradition. Die deutsche Familie backte ebenfalls einen Kuchen, denn es ist bei ihnen üblich, dass die neuen Nachbarn vorbeikommen und sich vorstellen. Beide Familien blieben mit ihrem Kuchen allein."

Diese Geschichte erzählte der verstorbene, ehemalige Integrationsbeauftragte von Nordrhein-Westfalen, Dr. Klaus Lefringhausen, sehr gerne auf Veranstaltungen, wenn es um das Thema "Interkultureller Dialog" ging.

Sie gibt genau die Thematik wieder, um die es in dieser Arbeit geht. Denn es sind die kleinen Missverständnisse und das Unbekannte, die zu Verwirrungen und Vorurteilen führen können. Beide Familien aus unserer Geschichte könnten nun Vorurteile entwickeln. Die türkische Familie könnte die deutsche Familie mit Diskriminierung beschuldigen. Die deutsche Familie könnte davon ausgehen, dass die türkische Familie sich abgrenzt und eine Parallelgesellschaft bildet. Hätten sie aber beide die Information, wie sich neue Nachbarn in der jeweiligen Kultur verhalten, käme es nicht zu diesen Vorurteilen.

Daher ist es von großer Bedeutung, das Unbekannte zum Bekannten zu machen. Nur so kann ein friedliches Miteinander gewährleistet werden. Nur so kann Integration funktionieren.

Integration ist aber kein Zustand und hat auch keinen Endpunkt. Es ist eher ein ständiger Prozess. Um diesem Prozess etwas auf die Sprünge zu helfen und einen Beitrag für die Integration zu leisten, werden die türkische, arabische und muslimische Kultur, die (leider immer noch) zu den größten Unbekannten unter den Migranten in Deutschland zählen, verständlicher gemacht.

8 Fremde sind keine Aliens... oder doch?

Dabei sei vorweggenommen, dass die Menschen, um die es hier geht, keine Aliens sind. Sie sind gewöhnliche Menschen, wie alle anderen auch. Sie fahren Fahrrad, schwitzen bei Hitze und haben eine Vorliebe für Fußball.

Und trotzdem erscheinen uns "Fremde" manchmal wie Aliens. Alien bedeutet vom Wortstamm her Fremd. Es ist also die Fremdartigkeit, das Unbekannte, was die Menschen auf Distanz hält. Sie gibt uns Vorurteile über das, was uns vermeintlich so fremd ist.

9 Interkultureller Dialog

Ali, der vierte Khalif des Islam und Schwiegersohn des Propheten Muhammed sagte: „Der Mensch mag das nicht, was er nicht kennt."
-> erst wenn man sich kennt, merkt man, wie ähnlich man eigentlich ist

Und genau dieses Fremde und Fremdartige sollte hinterfragt werden. Das geht nur, wenn man sich kennenlernt. Hierzu sagte Ali, der vierte Khalif und Schwiegersohn des Propheten Muhammed: „Der Mensch mag das nicht, was er nicht kennt." Wenn man sich kennt, merkt man, wie ähnlich man eigentlich ist. Somit verschwindet das Fremde. Anstelle dieser kommt Freundschaft hervor.

10 Unkenntnis

› Unkenntnis -> Unsicherheit -> Distanz -> Angst
› Kennenlernen im Alltag (persönliche Ebene)

Unkenntnis führt oft zu Unsicherheit. Unsicherheit führt zu Distanz. Wenn eine Distanz langfristig anhält, entsteht durch Vorurteile Angst. Daher ist ein Kennenlernen ganz wichtig.

Vor allem sollte das Kennenlernen im Alltag stattfinden, also da, wo man sich auf der persönlichen Ebene trifft, und nicht nur auf anderen Ebenen, die vielleicht künstlich entstanden sind.

Was dieses Kennenlernen ausmacht, kann man an Hand des folgenden Beispiels erkennen: Auf dem Schulhof hörte man früher öfters folgende Sätze: „Alle Türken sind doof. Bis auf meinen Freund Ali, der ist **anders.**" Oder „Alle Deutschen sind doof. Bis auf meinen Freund Marcus, der ist **anders.**" Man kann die Ethnie und den Namen mit anderen austauschen. Ali oder Marcus sind eigentlich ganz und gar nicht **anders.** Das Problem ist, dass Derjenige, der diesen Satz ausspricht, meistens die **anderen Türken oder eben die anderen Deutschen** gar nicht kennt oder sie aus verschiedenen Gründen nicht leiden kann. Und als Quelle dieser Gründe projiziert er deren Fehler auf deren Herkunft: Türke oder Deutscher. Dadurch wird leider zu oft dichotomisiert in "wir" und "sie".

Auch hierfür ein Beispiel: Wenn Mehmet ein Tor für die deutsche Nationalmannschaft schießt, ist er der deutsche Fußballkönig. Wenn Ahmet eine Bank ausraubt, ist er der türkische Bandit. "Mehmet" ist dann "wir" und Ahmet ist dann "sie", obwohl sie beide gleicher Herkunft sind. Diese Sichtweise schadet der Integration und ist kontra-produktiv. **Man darf Charakterschwäche nicht nach der Herkunft ausmachen. Es kann nicht am Geburts-ort, an den Genen oder an der Ethnie liegen, dass ein Mensch gewalttätig wird, Autos aufschraubt oder Banken ausraubt.**

Daher sollte man differenzierter denken. Man sollte grundsätzlich davon ausgehen, dass keine Ethnie, keine Volksgruppierung und keine Nation schlechter ist als eine andere. Nur so nützt es, mit einander auf Augenhöhe ins Gespräch zu kommen. Andernfalls ist jeder Dialog nur eine Zeitverschwendung.

11 Interkulturelle Kompetenz

Gerade in einer interkulturellen Gesellschaft ist es wichtig, sich interkulturelle Kompetenzen anzueignen und sensibel für das "Fremde" zu sein. Folgende Faktoren sind für eine interkulturelle Kompetenz wichtig:

- Kennenlernen
- Anerkennen
- Emotional und rational einander nähern
- Verschiedenheit achten
- Selbstreflexion und Fremdreflexion

Erst diese Faktoren ermöglichen ein gesundes Miteinander, das auf Verständnis, Respekt und Anerkennung aufgebaut ist. Sie führen auch dazu, dass man sich selbst interkulturell öffnet.

Durch die Fremdreflexion, durch das Kennenlernen einer anderen Kultur, wird auch das eigene bewusster. Es kommt dann die Frage auf, wie das denn eigentlich in der eigenen Kultur ist. Diese Frage hat man sich vielleicht vorher gar nicht gestellt, weil es eine Selbstverständlichkeit war. Aber durch das Erlernen von etwas Neuem, hinterfragt man auch das Eigene oder lernt sogar eigene erst besser kennen.

12 Barrieren

> Das größte Problem ist nicht die Sprach- sondern die Kulturbarriere
> Andere Wertemaßstäbe, Umgangsformen und Riten
> Es ist keine Frage der Anpassung, sondern des Verständnisses

Sprache ist der Schlüssel für eine Integration. Sie ist notwendig. Sie ist aber nicht das größte Problem, wenn man interkulturelle Konflikte hat. Denn die Sprache eines jeden Landes kann erlernt werden. Das ist nicht so schwierig. Das eigentliche Problem liegt in dem Verständnis für die Kultur. Denn die wortwörtliche Übersetzung einer Sprache gibt nicht immer den richtigen Inhalt wieder (das sieht man am besten bei Sprichwörtern, die man generell besser nicht übersetzen sollte). **Daher sollte es nicht das primäre Ziel sein, die "Wörter" zu verstehen, sondern was eine Person eigentlich meint. Dies gilt nicht nur für das Gesprochene, sondern auch für die Handlungen der Menschen.**

Jeder Mensch handelt nach bestimmten Maßstäben. Die Motivation kann immer anders sein. Dieses zu verstehen, darin liegt das Hauptaugenmarkt. Also warum Person x gerade Handlung y ausgeführt hat, obwohl y für uns vielleicht ziemlich seltsam vorkommt. Das Erkennen des "Warum" ist wichtig.

Jede Kultur hat seine eigenen Riten und Umgangsformen. Diese können der eigenen Kultur fremd vorkommen. Wichtig ist, diese Umgangsformen zu **verstehen**. Es geht z.B. nicht darum, dass sich Einrichtungen wie Kindertagesstätten an alle Migranten in der Einrichtung anpassen. Das wird kaum möglich sein. Eine komplette Anpassung an alle möglichen Gegebenheiten, weder von der einheimischen Kultur noch von der jeweiligen Kultur der Migranten, ist nicht notwendig. Was aber notwendig ist, ist eben das Verständnis für gewisse Handlungen und Umgangsformen.

13 Kultur

Nach Alexander Thomas ist Kultur ein Orientierungssystem, dass sich aus spezifischen Symbolen bildet und in der jeweiligen Gesellschaft tradiert. Es beeinflusst das Wahrnehmen, Denken, Werten und Handeln von Einzelpersonen in einer Gesellschaft und definiert somit auch ihre Zugehörigkeit in diese Gesellschaft.

Kultur ist aber nicht etwas statisches, sondern es ist ständig im Prozess. Dass heißt, Kulturen verändern sich auch. Sie werden immer wieder neu in kommunikativen Prozessen ausgehadelt.

Als einige Gastarbeiter Ende der 80er vom Rückkehrförderungsgesetz gebraucht machten und in ihre Heimat zurückkehrten, erlebten sie dort Integrationsschwierigkeiten. Sie konnten sich in ihrer eigenen "vermeintlichen" Heimat nicht mehr integrieren. Das Dorf, das sie vor 20 Jahren verlassen hatten, war nicht mehr das Selbe. Das Dorf, die Gemeinschaft, die Kultur hatten sich verändert, aber auch sie selbst hatten sich verändert. Da sie diese neue Kultur nicht kannten, konnten sie sich nicht orientieren.

Hofstede teilt Kultur in Symbole, Helden, Rituale und Werte auf. Werte sind dabei der innere Kern, der für Außenstehende nicht immer deutlich wird. Werte werden meist in der Kindheit erlernt. Die drei anderen Faktoren sind Praktiken, die für Außenstehende wahrnehmbar sind.

14 Kulturstandards und Klischees

Wenn wir Menschen aus anderen Kulturen fragen, was sie über unsere Kultur denken, hören wir mit Sicherheit Dinge, von denen wir überzeugt sind, dass sie eben nicht zu unserer Kultur gehören.

Genauso haben wir im Kopf sicherlich auch bestimmte Klischees über andere Kulturen, die aber mit der Realität nichts zu tun haben.

Kulturstandards sind in jeder Kultur unterschiedlich. Was für die eine Kultur eine Selbstverständlichkeit sein kann, kann in einer anderen Kultur ein Tabuthema sein. Eine Handlung kann in einer Kultur positiv sein, in der anderen negativ. Daher können sehr schnell Missverständnisse entstehen, wenn man eine Handlung aus der Sicht der eigenen Kultur, mit der eigenen kulturellen Brille, interpretiert. Selbstverständlichkeiten der eigenen Kultur sollten daher noch einmal überdacht werden. Ein Perspektivenwechsel macht daher immer Sinn.

15 Statistiken – Türken in Deutschland

Schauen wir uns einige Statistiken an, bevor wir uns der türkischen und arabischen Kultur widmen. Dabei beschränken wir uns nur auf die Türken, da sie die größte Gruppe der Migranten in Deutschland ausmachen.

Sinken tut der Anteil der Türken, die in der Türkei geboren sind und dann nach Deutschland kommen. Dies kommt immer seltener vor. Hinzu kommt, dass Neugeborene in Deutschland automatisch die deutsche Staatsbürgerschaft bekommen.

Wenn man sich die Pässe anschaut, dann gibt es ca. 1,47 Millionen Menschen in Deutschland mit einem türkischen Pass. Diese gelten also alle als Ausländer, weil sie keinen deutschen Pass haben. Hinzu kommen ca. 1,3 Millionen Türken, die entweder von Geburt an oder später die deutsche Staatsbürgerschaft erlangt haben. Es leben demnach ca. 2,8 Millionen Türkischstämmige in Deutschland (Statistisches Bundesamt, 2019a).

Unter den 20,8 Millionen Migranten, die in Deutschland leben, sind 13,3% türkischer Herkunft (BpB , 2019).

13,49% der Menschen in Deutschland, die keinen deutschen Pass haben (insgesamt 10,9 Millionen Ausländer in Deutschland), haben einen türkischen Pass.

42% der Türken leben in einer Gegend, in der überwiegend Ausländer leben. Das ist ein wichtiger Punkt, der nicht unbeachtet bleiben darf. Dass heißt, man kann davon ausgehen, dass fast die Hälfte der Türken in ihrer Nachbarschaft größtenteils nur mit Ausländern in Kontakt kommt.

47,6% aller Menschen in Deutschland, die einen türkischen Pass haben, sind weiblich. 52,4% sind männlich. Das ist also ausgeglichen.

16 Statistiken – Muslime in Deutschland

> ca. 5 Millionen Muslime in Deutschland
> 57% der Muslime in Deutschland haben einen deutschen Pass
> 56% der Muslime in Deutschland sind Türken
> 98,8% der Türken sind Muslime

Insgesamt leben ca. 5 Millionen Muslime in Deutschland. Diese Zahl ist aber eine reine Schätzung, da die Religionszugehörigkeit in Deutschland an Hand der Daten nicht erfassbar ist. Hinzu kommt noch, dass der Islam keinen Institutionscharakter hat. Dementsprechend gibt es auch keinen Eintritt oder Austritt aus dem Islam, wie man es aus der christlichen Tradition kennt. Muslim ist man automatisch, wenn man bezeugt, dass es einen Schöpfer gibt und dass Muhammed einer seiner Propheten, nämlich der letzte, ist. Dafür gibt es keine Riten (wie z.B. die Taufe oder die Konfirmation). Man wird also nirgendswo als Muslim registriert und hat dementsprechend nur Schätzzahlen.

57% dieser Muslime haben einen deutschen Pass. Fast die Hälfte der Muslime sind also juristisch gesehen deutsche Muslime.

Man geht davon aus, dass 56% der Muslime in Deutschland türkischer Herkunft ist. Also mehr als die Hälfte der Muslime sind gleichzeitig Türken.

98,8% der Türken in Deutschland sind Muslime. Daraus kann man schlussfolgern, dass man es eigentlich fast immer mit Muslimen zu tun hat, wenn man es mit Türken zu tun hat.

Von den Geflüchteten gaben 60,9% an, Muslime zu sein. 21,9% sind Christen, 5,6% Yeziden, 0,7% Hindus, 3,3% konfessionslos und 7,7% Sonstige (Statista, 2019a).

Der Anteil der Muslime an der Bevölkerung in den verschiedenen Bundesländern ist folgendermaßen: 10% Bremen, 8% Berlin, 8% Hamburg, 8% Nordrhein-Westfalen, 7% Hessen, 6% Baden-Württemberg, 4% Bayern, 4% Rheinland-Pfalz, 3% Niedersachsen, 3% Saarland, 3% Schleswig-Holstein, 0,7% Sachsen, 0,7% Sachsen-Anhalt, 0,4% Thüringen, 0,2% Mecklenburg-Vorpommern und 0,2% Brandenburg (Statista, 2019b).

17 Statistiken – Religiöse Orientierung

› Religiöse Orientierung der Muslime in Deutschland:

Sunnitisch:	85%
Schiitisch:	4%
Alevitisch:	5%
Andere:	3%
Ohne Zuordnung:	3%

Die religiöse Orientierung der Muslime in Deutschland spielt auch eine wichtige Rolle im Verständnis der Kulturen. Denn im Islam gibt es keine Konfessionen. Es gibt verschiedene "Orientierungen" und Rechtsschulen.

85% der Muslime in Deutschland sind sunnitisch orientiert. 4% sind schiitisch orientiert. 5% orientieren sich nach dem Alevitentum. 3% orientieren sich nach anderen kleineren Schulen. Weitere 3% sehen sich in keiner bestimmten Orientierung.

18 Statistiken – Absolute Zahlen in Städten

Wo leben die meisten Türken?

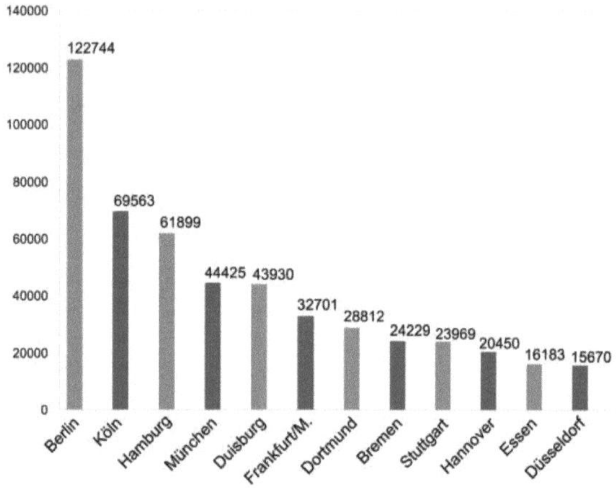

Wenn man sich absolute Zahlen anschaut, dann ist ganz klar Berlin die Hochburg der Türken. Nicht umsonst wird Kreuzberg als "Klein-Istanbul" bezeichnet. Aber auch in Köln und Hamburg leben durchaus viele Türken.

19 Statistiken – % der Ausländer in Städten

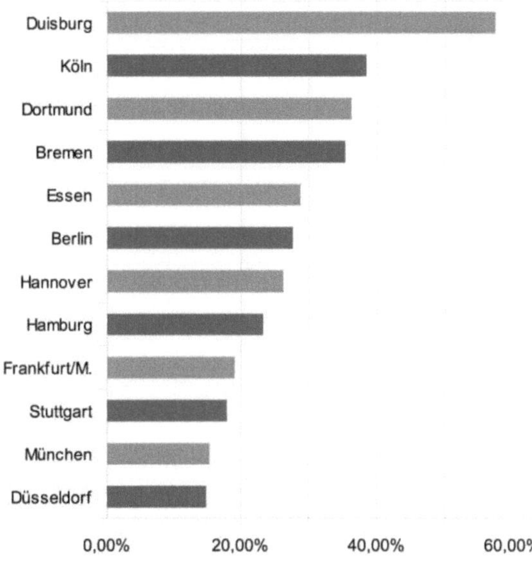

Die prozentuellen Anteile der Ausländer zeigen, dass 57,3% der Ausländer in Duisburg Türken sind. Besonders im Gebiet Marxloh (Duisburg) sind die Türken ansässig. Aber auch Köln, vor allem die berühmte Keupstraße im Stadtteil Mülheim, ist für seine Türken bekannt.

20 Statistiken – Altersstruktur

Angaben in Tausend:

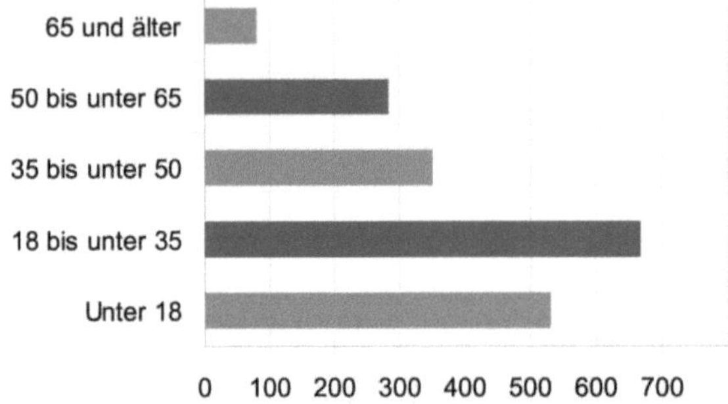

Wie man in dieser Statistik sehen kann, hat man es zumeist mit jungen Menschen zu tun. Das hängt auch damit zusammen, dass die Geburtsrate in türkischen Familien weiterhin höher ist als der Gesamtdurchschnitt in Deutschland.

In den nächsten Jahren, wenn der Anteil der Migranten an den Senioren noch höher wird, wird das Thema der Seniorenarbeit mit Migranten ein wichtiges Arbeitsfeld werden. Schon jetzt gibt es hierfür an einigen Orten erste Ansätze und Konzepte.

21 Statistiken – Bildung

> › 29% der Türken haben keinen Schulabschluss
> › 14% haben Abitur oder Fachhochschulreife
> › 39.634 türkische Studenten

29% der Türken haben keinen Schulabschluss (Wirtschaftswoche, 2019). Natürlich fließen in diese Statistik auch die Migranten der ersten Generation, also die Gastarbeiter, ein, die nahezu alle keinen Schulabschluss haben. Dadurch verfälscht sich dieses Ergebnis. Wenn man nur die Türken betrachtet, die in Deutschland geboren und hier von Anfang an zur Schule gegangen sind, wird diese Zahl deutlich reduziert werden.

14% der Türken erreichen das Abitur oder die oder Fachhochschulreife. Diese Zahl steigt stetig. In der Gesamtbevölkerung haben 28,8% die Studienberechtigung (Spiegel, 2015).

39.634 Türken sind an deutschen Universitäten eingeschrieben (Statista, 2019d). Auch hier gilt wieder, dass Türken mit einem deutschen Pass nicht mitgezählt werden können, da sie in der Statistik nicht als Türken auftauchen.

22 Statistiken – Beruf

> › 15% sind arbeitslos
> › 20% der Türken sind selbstständig (Gesamtdurchschnitt in Europa 10%, Deutschland 8%, Türkei 23%)
> › Mehr als 50% zählen zu den unteren 10% bei den Haushaltseinkommen
> › Ca. 20% sind von staatlichen Hilfen abhängig

Knapp 15% der Türken sind arbeitslos (Die Welt, 2018).

Etwa 20% der Türken in Deutschland sind selbstständig. Zum Vergleich: der Gesamtdurchschnitt für Europa liegt bei 10%, für Deutschland bei 8% und für die Türkei bei 23%.

Aufgrund der niedrigen Bildung ist auch das Haushaltseinkommen der Türken niedrig. Mehr als 50% befinden sich in den unteren 10% des Gesamtdurchschnitts.

Aber nur 20% sind von staatlichen Hilfen abhängig. Diese Zahl wäre im Normalfall viel höher. **Jedoch treten viele Türken den Weg ins Rathaus erst gar nicht an, da die Helmschwelle aus verschiedenen Gründen zu hoch ist.**

23 Kontext

Wenn man es mit türkischen Menschen zu tun hat, ist es wichtig zu schauen, mit welcher Generation man kommuniziert. Denn der Kontext, mit denen diese Generationen verhaftet sind, ist ausschlaggebend für eine gute Kommunikation.

Zur ersten Generation gehören die Gastarbeiter, die zumeist in den 60ern und 70ern auf Grund von wirtschaftlichen Motiven nach Deutschland kamen. Diese Menschen kamen größtenteils aus dem ländlichen Gebiet und hatten keine oder nur wenig Bildung in der Türkei genossen. Ein Akademiker aus Istanbul kam selbstverständlich nicht als Gastarbeiter nach Deutschland. Die Motivation dieser Gastarbeiter war es, schnell Geld zu verdienen und wieder in die Heimat abzureisen. Deshalb kamen sie auch alleine, ohne ihre Familien. Sie verbrachten lange Jahre in Deutschland alleine. Dadurch erlebten sie auch psychische und emotionale Schwierigkeiten. Denn sie verließen ihre Heimat, ihre Familien, ließen also das Bekannte hinter sich und kamen in eine Unbekannte. Hier kannten sie weder die Traditionen, die Kultur noch die Sprache oder die Religion der Menschen. Hinzu kommt noch, dass die Aufnahmegesellschaft sie damals nicht wirklich als Gäste empfing. Es gab keine Willkommenskultur. Sie wurden quasi nicht wahrgenommen, welches die Integration dieser Menschen doppelt erschwerte. Max Frisch brachte dies treffend auf den Punkt: **„Wir riefen Arbeitskräfte und es kamen Menschen."**

Als zweite Generation bezeichne ich die Söhne und Töchter der ersten Gastarbeiter. Diese sind in der Türkei geboren und sind nicht gemeinsam mit den Vätern nach Deutschland gekommen. Als aber die erste Generation merkte, dass sie länger in Deutschland bleiben würden, holten sie ihre Familien nach Deutschland. Im Zuge von Familienzusammenführungen kam dann die zweite Generation nach Deutschland. Der Gedanke, zurückzukehren, war aber trotzdem noch erhalten. Deshalb fixierten sich die jungen Menschen aus der zweiten Generation nicht auf eine lange Bildung, sondern auf kurze Ausbildungsmöglichkeiten, um schnell einen Job zu finden und damit Geld zu verdienen. Denn man würde ja wieder zurückkehren. Doch schnell wurde bewusst, dass eine Rückkehr nicht mehr in Frage kam. Die Familien waren gekommen. Die Kinder gingen zur Schule. Man passte sich zunehmend der deutschen Gesellschaft an und entfremdete sich von der ländlichen Kultur der Heimat. Die Standards, an die man sich nun in Deutschland gewöhnt hatte, gab es in der Heimat nicht.

Einige aus der ersten und zweiten Generation kehrten jedoch trotzdem in ihre Heimat zurück. **Erstaunlicherweise hatten diese, wie bereits erwähnt, dann in der Türkei "Integrationsschwierigkeiten", weil sie sich eben an die Bedingungen in Deutschland gewöhnt**

hatten und die alte Heimat sich ebenfalls verändert hatte.

Die dritte Generation, also die Kinder der Nachgezogenen, ist die Generation mit der die ersten großen Integrationsdebatten in der Gesellschaft begannen. Sie war die erste Generation, die vom Kindergarten an deutsche Bildungseinrichtungen besuchte. Die unterschiedlichen Kulturen trafen nun in einem neuen Kontext aufeinander (Kinder, Jugendliche, Schule). Für die Familien selbst wurde diese Generation zu einem "Problem", da ein großes Verständigungsproblem herrschte. Es gab eine große Kluft zwischen dem Verständnis der Kinder und ihren Eltern. Denn sie lebten in verschiedenen Kulturen und Sozialisationsorten. Ein Clash der Kulturen sozusagen. Auch sprachlich gab es Schwierigkeiten, so dass die eigenen Kinder die Eltern nicht verstanden. Diese Kinder sprachen weder richtig türkisch noch deutsch. Es war vielmehr ein Remix aus beiden Sprachen. Diese Kultur- und Sprachprobleme führten oft dazu, dass die Jugendlichen Identitätskrisen erlitten. Sie waren weder Deutsch noch Türkisch. **In Deutschland waren sie die Ausländer. In der Türkei bezeichnete man sie als die "Alamancı" (die Deutschländer).** Daher bezeichne ich diese Generation als die Generation zwischen den Stühlen.

In der vierten Generation erhofft man sich eine Stabilisierung der Umstände. Das ist die Generation, die ganz genau weiß, dass sie "für immer und ewig" in Deutschland bleiben werden, dass sie aber trotzdem gleichzeitig Türken sind. Hier wird die Identitätskrise durchbrochen. Man ist sich beider Kulturen bewusst und lebt demnach.

Eine Integration mit diesem Verständnis ist viel einfacher herzustellen als sonst, da die eigene Identität stabil ist. Dies ist vor allem in der dritten Generation nicht der Fall.

Nur diejenigen können tolerant zu anderen sein, die ihre Identität unzweifelhaft gewonnen haben und somit einen stabilen Rückhalt im Eigenen besitzen. Intoleranz und Gewalt übt oft derjenige aus, der eigene Zweifel nicht überwinden konnte und sie so fanatisch unterdrücken muss (Alkonavi, 1994, S. 20). Daher ist dieses Kennenlernen des Eigenen sowie des Gegenübers ein Grundpfeiler einer stabilen Gesellschaft.

24 Begrüßung 1

> Der erste Kontakt des Tages beginnt immer mit der Frage: „Wie geht es dir?"

> Die Antwort lautet: „Danke, mir geht es gut. Wie geht es dir?"

> Jeder wird einzeln gefragt

> Kommunikation verbunden mit Essen, Trinken und lange Eingangsphase (Small Talk)

> Frage nach dem Herkunftsort bei unbekannten Personen

> Anfassen während der Kommunikation

> Es wird gleichzeitig gesprochen, nicht nacheinander

> Dieses zunächst sinnlos anmutende Ritual hilft noch wenig bekannten Gästen, den Einstieg ins Gespräch zu finden:
>   - so beginnt ein Gespräch
>   - soziale Beziehungen aufbauen und stärken

Widmen wir uns nun der Kultur.

Der erste Kontakt des Tages beginnt unter Türken und Arabern immer mit der gleichen Frage: „Wie geht es dir?" Das ist allerdings keine ernst gemeinte Frage. Man erwartet nicht die wahre Antwort auf diese Frage. Daher lautet die Antwort immer gleich: „Danke, mir geht es gut. Wie geht es dir?" Man kann dies vergleichen mit dem englischen „How are you?". Auch hier wird keine wirkliche Antwort erwartet. Die Antwort ist immer gleich.

Weiterhin kommt noch hinzu, dass jeder Einzelne in einem Gesprächskreis gefragt wird. Diese Frage wird also von jedem Einzelnen an alle einzeln gestellt.

Treffen noch unbekannte Personen aufeinander, fragt die erste und zweite Generation öfters nach dem Herkunftsort in der Heimat. So beginnt zu meist eine erste Bekanntschaft.

Ähnlich wie in einigen anderen Kulturen ist es bei Türken und Arabern üblich, dass sie sich während der Kommunikation anfassen oder berühren. Meistens wird der Gesprächspartner am Arm oder an der Schulter berührt. Oft kommt es auch vor, dass sich die Menschen beim Sprechen oder Gehen umarmen. Hierbei wird darauf geachtet, dass sich Männer mit Männern und Frauen mit Frauen umarmen.

Kommunikation ist auch öfters mit Essen oder Trinken verbunden. Vor dem eigentlichen Anliegen gibt es oft lange Eingangsphasen (Small Talk).

Gesprochen wird gleichzeitig, nicht nacheinander. Für die Beteiligten stellt dies kein Chaos da, wie man es vielleicht als Außenstehender vermuten würde.

Dieses Ritual des Begrüßens kann für Außenstehende sinnlos vorkommen. Doch es ist sehr nützlich, wenn sich in der Runde noch unbekannte Menschen befinden. Schnell findet man so den Einstieg ins Gespräch und man lernt sich automatisch und unkompliziert kennen. Soziale Beziehungen werden dadurch aufgebaut, aufrechterhalten und gestärkt.

25 Begrüßung 2

> › Man reicht sich die Hände (Händedruck)
> › Falls man sich kennt, umarmt man sich
> › Die jüngeren Kinder küssen die Hand der Älteren und legen ihre Stirn auf deren Hand
> › Frauen küssen sich "auf" die Wangen
> › Zuerst werden die Älteren begrüßt

Bei der Begrüßung reicht man sich die Hände. Man gibt sich einen kräftigen Händedruck. Falls man sich kennt, umarmt man sich zudem. Dies zeigt Nähe, Offenheit und Vertrautheit.

Oft kommt es vor, dass Kinder die rechte Hand der Erwachsenen küssen und danach ihre Stirn auf deren Hand legen. Dieses Ritual ist vor allem an muslimischen Feiertagen allerorts beobachtbar.

Bei der Begrüßung berühren sich zudem die Frauen mit den Wangen und machen ein Geräusch, als würden sie sich küssen. Sie küssen sozusagen die Luft.

Meistens schütteln die Männer den Frauen erst dann die Hand, wenn die Frauen zuerst die Hand reichen. Dies ist nicht nur bei muslimischen Türken und Arabern so, sondern auch bei Nichtmuslimen aus diesen Kulturkreisen, da es als respektlos interpretiert wird, wenn ein Mann, ohne das Einverständnis der Frau ihren Körper berührt. Daher wird oftmals erst abgewartet, bis die Frau zuerst die Hand ausstreckt.

In einer Runde werden immer erst die Älteren gegrüßt. Die hierarchische Reihenfolge bei der Begrüßung beginnt beim Ältesten und endet beim Jüngsten. Öfters wird zuerst die weibliche Person begrüßt, also Oma oder Mutter.

26 Kommunikation

Kommuniziert wird fast immer auf der persönlichen Ebene. Während man im westeuropäischen eher auf der sachlichen Ebene kommuniziert, ist in der asiatischen, arabischen und türkischen Kultur die Kommunikation immer auf der persönlichen Ebene. Deshalb kann eine Diskussion z.B. über ein vermeintlich banales Thema dazu führen, dass der Gesprächspartner beleidigt wird, weil das Thema persönlich genommen wird.

Die persönliche Ebene ist auch der Grund, warum jede Kommunikation mit der Frage „Wie geht es dir?" beginnt und im Small Talk Bereich fortgeführt wird. Es werden die persönlichen Angelegenheiten ausgefragt, ehe man zum vielleicht eigentlichen Thema kommt.

27 Sprache 1

Die Sprache ist ein wichtiges Thema, dem wir uns widmen müssen.

Generell kann man davon ausgehen, dass die erste und zweite Generation zu Hause die Muttersprache spricht. Die restlichen Generationen sprechen zu Hause Deutsch und Türkisch und draußen Deutsch.

Eine Aufforderung, zu Hause im privaten Deutsch zu sprechen, wird dabei als negativ empfunden. Dies wird sogar oft als Diskriminierung wahrgenommen. Zuvor erlebte Diskriminierungserfahrungen oder die Wahrnehmung eines Kulturimperialismus können dazu führen, dass man wiederstand leistet.

In Beratungsgesprächen kann es daher von Vorteil sein, wenn man den Klienten nicht kränkt, sondern einlädt Deutsch zu sprechen. Dabei sollten Regeln und Werte transparent gemacht werden und deutlich gemacht werden, dass man nicht respektlos sein möchte.

28 Sprache 2

> Wer seine Muttersprache in der frühkindlichen Entwicklung erlernt, kann andere Sprachen viel leichter erlernen.

> Der Prophet Muhammed: „Wenn eine Person neben euch ist, der eure Sprache nicht spricht, dann sprecht diese Sprache nicht."

Besondern in den 90ern, als man noch glaubte, dass man nur eine Sprache sprechen sollte, wurde den türkischen, russischen und polnischen Familien öfters geraten, sie sollen zu Hause mit ihren Kindern Deutsch sprechen, auch wenn die Familie eigentlich kein Wort oder nur schlecht Deutsch sprach.

Die gegenwärtige Linguistik und Sprachwissenschaft sagt aber, dass es in der frühkindlichen Entwicklung besser ist, die eigene Muttersprache zu erlernen. Je besser die Muttersprache sitzt, desto leichter ist es dann später, eine andere Sprache zu erlernen. Die Erlernung der Muttersprache muss allerdings in der frühkindlichen Entwicklung erfolgen, nicht erst, wenn das Kind in die Kindertagesstätte eingeschrieben wird.

Erwähnenswert ist hier noch ein Ausspruch des Propheten Muhammed. Dieser sagte: „Wenn eine Person neben euch ist, die eure Sprache nicht spricht, dann sprecht diese Sprache nicht." Dass heißt, wenn drei Türken, zwei Polen und ein Deutscher sich gemeinsam unterhalten, sollte man die Sprache sprechen, die alle Anwesenden verstehen. Nur so kann man Vorurteile und Missverständnisse abbauen.

29 Schriftlich vs. Mündlich

› Die arabische, türkische Kultur basiert auf der mündlichen Informationsübertragung
- > schriftliche Einladungen zu Elternsprechtagen landen im Müll und / oder werden vergessen

Viele wundern sich, warum so wenige türkische oder arabische Eltern an Elternsprechtagen in den Schulen teilnehmen. Hier wird öfters der Vorwurf gemacht, dass die Eltern kein Interesse am Schulerfolg ihrer Kinder hätten. Dies ist allerdings meistens nicht die Quelle der Nichtteilnahme. Sie liegt ganz woanders.

Die türkische und arabische Kultur – aber auch fast die gesamte asiatische Kultur – basiert auf der mündlichen Informationsübertragung. Wenn man sich also etwas zu sagen hat, macht man dies mündlich. Nicht schriftlich. Daher landen schriftliche Einladungen öfters direkt im Müll. Eine persönliche Einladung jedoch führt meistens zum Erfolg. Denn es kommt nicht gut an, wenn man einer Einladung nicht folgt oder sie abschlägt. Natürlich lassen es die Ressourcen vieler Einrichtungen gar nicht zu, dass man die Menschen persönlich erreicht. Daher kann man hier mit Multiplikatoren, z.B. mit engagierten Personen, zusammenarbeiten.

30 Anrede

Personen, die älter sind als man selbst, werden Bruder, Schwester, Onkel oder Tante genannt. Als Bruder und Schwester werden Personen genannt, die nur etwas älter sind als man selbst. Onkel und Tante nennt man Personen, die so alt oder älter sind als die eigenen Eltern. Dabei wird jeder mit diesen Begriffen bezeichnet. Sowohl Bekannte und Freunde, als auch Unbekannte und Fremde.

Während es in der deutschen Sprache nur "Onkel" und "Tante" als Bezeichnung für die Geschwister der Eltern gibt, wird im türkischen noch differenziert, wessen Geschwister (Vater oder Mutter) es ist. Dass heißt, es gibt jeweils zwei Onkel- und Tantebegriffe im türkischen. Wenn man nun eine Person, die nicht leiblich Onkel oder Tante ist, mit "Onkel" oder "Tante" anspricht, nimmt man bei männlichen Personen den Begriff, der für den männlichen Bruder des Vaters steht, und bei weiblichen Personen den Begriff, den man für die Schwester der Mutter benutzt.

Dies führt in einigen Einrichtungen oftmals zu Irritationen. So sind in Kindertagesstätten Erzieher/innen manchmal irritiert, wenn z.B. ein türkischer Junge oder ein türkisches Mädchen ständig von einem Bruder oder einer Schwester spricht, obwohl das Kind gar keine Geschwister hat. Dies kann zu Missverständnissen führen. Gemeint kann dann hier jede Art von Person sein und nicht unbedingt die leiblichen Geschwister.

Viele türkische und arabische Kinder wundern sich im Gegenzug, dass deutsche Kinder ihre Eltern mit dem Vornamen ansprechen. Dies ist in der türkischen und arabischen Kultur ein absolutes Tabu. Eltern werden stets als Vater oder Mutter angesprochen. Eine Anrede der Eltern mit dem Vornamen wird als beleidigend und respektlos empfunden. Gleiches gilt für Schwiegereltern, die ebenfalls mit Vater und Mutter angeredet werden. Auch Geschwister, Onkel, Tanten usw. werden nicht mit dem Vornamen angeredet, es sei denn, es gibt mehrere Geschwister, Onkel, Tanten usw. Dann nennt man erst den Vornamen und dann die jeweilige Bezeichnung.

Generell wird man stets mit dem Vornamen angesprochen. Dass heißt "Herr Müller" wäre im türkischen entweder "Bruder Hans" oder "Onkel Hans", je nachdem wie alt die Person ist. Man kann dies auch daran erkennen, dass auf dem Trikot der türkischen Fußballspieler immer nur der Vorname steht. Der Vorname individualisiert die Menschen und zeigt, dass man persönlich angesprochen wird und nicht gleich die ganze Familie oder die Verwandtschaft.

Bei formellen Angelegenheiten verwendet man unter unbekannten Personen das Siezen. Zudem wird dann anstatt "Bruder", "Onkel" oder "Tante" mit "Herr" oder "Frau" angeredet, jedoch wieder mit dem Vornamen und nicht mit dem Familiennamen.

31 Zeitgefühl

Die Wahrnehmung von Zeit ist von Kultur zu Kultur unterschiedlich. Es gibt Kulturen, in denen es klare Regeln, Ordnung und Sicherheit gibt, was die Einhaltung von Terminen angeht. In anderen Kulturen wiederum ist eine gewisse Flexibilität vorhanden. Zeit wird hier nicht organisiert und ist nicht geplant.

In einer humorvollen Anekdote heißt es: Für den Briten kann 15 Uhr, 14.55 bedeuten. Für den Deutschen bedeutet 15 Uhr, 15 Uhr. Der Türke kann etwas später kommen, weil er bei 15 Uhr, 15.15 Uhr versteht. Und der Araber sagt „Insaallah" („So Gott will") und kommt irgendwann.

32 Tagesablauf

› Spät aufwachen
› Spät schlafen
› Leben auf der Straße, in der Gesellschaft

Der Tagesablauf in türkischen und arabischen Familien sieht meistens folgendermaßen aus: spät aufwachen, spät schlafen.

Viele Nachbarn wundern sich, warum noch nach 22 Uhr so viel Besuch in türkischen und arabischen Wohnungen ist. Dabei ist die Wahrnehmung von "spät" unterschiedlich. In der türkischen und arabischen Kultur ist es üblich, dass sich die Familien abends öfters besuchen und dann bis spät in die Nacht zusammensitzen. Das ändert sich natürlich mit neueren Generationen, die sich an die deutschen Verhältnisse anpassen. Denn der Tagesablauf in Deutschland ist strikt und diszipliniert geregelt. Die Menschen aus der ersten und zweiten Generation haben aber eine andere Sozialisation erlebt. Sie sind es gewohnt, zusammen mit Freunden, Bekannten und Verwandten bis in die Nacht zusammen zu sein.

Wenn türkische oder arabische Touristen nach Deutschland kommen, ist meistens das erste, was sie fragen: „Wo sind denn all die Menschen?". In ihrer Heimat spielt sich das Leben auf der Straße ab. Die Menschen sind überall auf der Straße. Sie sind nicht in ihren Wohnungen. Die meisten Läden schließen auch erst nach Mitternacht. Und dies an jedem Wochentag. Daher sind die leeren Straßen sonntags in Deutschland ein Kulturschock für diese Menschen.

33 Betreten eines Hauses

> Der Islam legt großen Wert auf die Reinigung
> Daher werden Häuser ohne Schuhe betreten
> Hunde sind im Hause tabu (aus hygienischen Gründen)

Wenn man einen türkischen oder arabischen Haushalt besucht, sollte man auf bestimmte Sachen achten, um nicht ins Fettnäpfchen zu treten. Da ist der erste und wichtigste Punkt die Sauberkeit.

Der Prophet Muhammed sagte: „Sauberkeit kommt vom Glauben." Dabei machte er deutlich, dass der Islam sehr viel Wert auf Hygiene und Reinheit legt. In alten Büchern findet man noch Geschichten, in denen europäische Kaiser und Könige ihren Bediensteten befehlen, die Muslime zu holen. Diese antworten, „Woher soll ich denn wissen, wer Muslim ist?" Der Kaiser antwortet: „Das sind die, die sich ständig waschen." Gemeint war wohl u.a. die Gebetswaschung, welches vor den 5mal täglichen Gebeten durchgeführt wird.

Zudem ist es so, dass der Platz, an dem das muslimische Gebet stattfindet, rein und sauber sein muss, da man den Boden mit der Stirn und den Händen berührt. Daher betritt man Moscheen auch ohne Schuhe.

Diese islamische Tradition hat sich in muslimisch geprägte Kulturen integriert, so dass auch zu Hause, egal ob dort gebetet wird oder nicht, Schuhe immer schon vor der Wohnungstür ausgezogen werden. Wenn also der Heizungsleser kommt, wird er sicherlich höfflich gebeten, die Schuhe auszuziehen. Viele Familien "trauen" sich aber nicht, in solchen Situationen ihren Wunsch auszusprechen, damit es nicht missverstanden wird.

Hunde im Haushalt sind in muslimisch geprägten Kulturen tabu. Auch wenn sie ein beliebtes Tier sind, werden sie nicht als Haustiere gehalten. Sie werden eher im Garten gehalten. Die beliebtesten Haustiere in diesen Kulturen sind Katzen, Wellensittiche und Fische.

34 Esskultur

Wenn man einmal ein türkisches oder arabisches Fest besucht, wird man sehen, dass ihre Küche sehr vielfältig ist.

Dass die Muslime auf Schweinefleisch und Alkohol verzichten, ist allgemein bekannt. Doch dann fragt sich plötzlich das Personal der Kindertagesstätte, warum denn der muslimische Junge kein Rindfleisch ist, es sei ja kein Schweinefleisch.

Der Grund ist, dass Muslime auch auf Fleisch verzichten, dass nicht im Namen Gottes geschächtet wurde. Dass heißt, Fleisch, das von Juden, Christen und Muslimen geschächtet wurde, ist für Muslime erlaubt. Man benutzt hier das Wort "halal", vergleichbar mit dem "koscher" der Juden. Wenn man aber nicht weißt, wer es geschächtet hat, verzichtet man im Zweifel drauf. Daher kann es dazu kommen, dass es nicht gegessen wird, auch wenn es Rindfleisch ist. Bei jüdischen Produkten ist es meistens kein Problem, weil Juden ebenfalls genau darauf achten, dass das Fleisch jüdisch geschächtet wird. Auf diesen Produkten steht dann "koscher". Auch dies können die Muslime bedenkenlos verzehren.

Tiere jeglicher Art, die eines natürlichen Todes gestorben sind, werden ebenfalls nicht gegessen.

Wichtig ist auch, dass die Tiere eine artgerechte Haltung erhalten. Massentierhaltungen sind theologisch gesehen verpönnt.

Die Muslime verzichten nicht nur auf Schweinefleisch. Sie verzichten auch auf andere Tiere, von denen sie ausgehen, dass diese nicht zum Essen geschaffen worden sind. Man geht also theologisch davon aus, dass alles Erschaffe, jedes Lebewesen, aber auch alles in der Natur, einen Sinn und Zweck hat. Jedes Tier hat eine bestimmte Aufgabe und einen Sinn, warum es existiert. Dabei gibt es Tiere, die zum Verzehren da sind und Tiere, die nicht zum Essen bestimmt sind, sondern anderen Zwecken dienen. Im Allgemeinen sind Raubtiere, Tiere mit Klauen, Aasfresser, Insekten, die unter der Erde leben, nicht erlaubt – mit geringfügigen Abweichungen in den einzelnen Rechtsschulen. Dass gerade Schweinefleisch explizit im Koran erwähnt wird, hängt damit zusammen, dass der Kontext, in dem der Koran geoffenbart wurde, eine Gegend war, in der viel Schweinefleisch gegessen wurde.

Die Muslime achten auch darauf, dass in verschiedenen Produkten kein Fleisch, das nicht halal geschächtet wurde, oder Alkohol drin ist. Daher schauen sie z.B. auf die Zutatenliste, um zu sehen ob das Produkt Zusatzstoffe mit Fleisch (z.B. Emulgatoren oder Gelatine) enthält (vgl. Şahinöz, 2012). In den meisten Einrichtungen, die muslimische Kinder verpflegen, ist dies schon bekannt, so dass es nicht schwierig ist, dies zu bewerkstelligen.

In lebensnotwendigen Situationen werden aber diese Regeln aufgehoben, da das Leben und die Gesundheit des Menschen höchste Priorität haben. Im Koran heißt es im gleichen Vers, in dem das Schweinefleisch verboten wird: „Wer sich aber in einer Zwangslage befindet, ohne zu begehren oder das Maß zu überschreiten, für den ist es keine Sünde. Gott ist Allvergebend und Barmherzig" (Koran, 21.173). An diesem Gebot erkennt man, dass das Leben eine Priorität hat. Denn die Wahrscheinlichkeit, dass man in der Wüste verhungert und plötzlich ein Schwein auftaucht, ist äußerst gering. Dieser Koranvers zeigt, dass Gott barmherzig ist und es den Menschen nicht erschweren möchte. So heißt es in einem Vers, wo es um das Ramadanfasten geht: „Gott will für euch Erleichterung; Er will für euch keine Erschwernis" (Koran, 2:185) (vgl. Şahinöz, 2019, S. 73).

35 Tee vs. Kaffee

> › Kaffee = Abschied
> › Tee ist das Nationalgetränk der Türken

Zu Beginn eines Besuches sollte man in diesen Kulturkreisen nie Kaffee anbieten. Kaffee wird erst zum

Schluss angeboten. Sozusagen als Symbol dafür, dass es langsam "spät" geworden ist.

Tee ist das unumstrittene Nationalgetränk der Türken. Überall wo man Türken findet, findet man auch Tee. In der Türkei ist der Tee fast überall kostenlos. Wenn man in einen gewöhnlichen Gemüseladen eintritt, kann einem Tee angeboten werden. Tee fließt auch in türkischen Veranstaltungen in Deutschland in Strömen. Man sollte einfach einmal danach fragen.

36 Der Fernseher

> › Fernseher ist meistens an, egal ob geguckt wird oder nicht -> Stille ist nicht gewollt
> › In fast jedem Zimmer
> › Groß und laut
> › Zu Hause öfters muttersprachliches Fernsehen, Zeitungen etc.

Häufig kommt es vor, dass der Fernseher ständig an ist, egal, ob jemand guckt oder nicht. Eine Stille ist nicht gewollt. In der Türkei oder in den arabischen Ländern wird man dies nicht so beobachten. Es ist eher eine Eigenart der türkischen und arabischen Migranten in Deutschland. Dies lässt sich z.B. soziologisch folgendermaßen erklären: Für die Gastarbeiter, die in den 60ern und 70ern nach Deutschland kamen, war der Fernseher ein Statussymbol. Sie wurde zum Mittelpunkt der Wohnung. Der Fernsehapparat wurde mit Folien bekleidet, damit ja keine Kratzer darauf kommen. Die ganze Familie versammelte sich abends um den Fernseher und schaute sich eine beliebte türkische Sendung an.

Auch heute ist dies sehr verbreitet, nur, dass jetzt noch zusätzlich ein anderer Faktor an Gewicht gewonnen hat: Je größer, desto besser. Man wird daher kaum einen türkischen oder arabischen Haushalt in Deutschland finden, der nicht einen riesigen Fernseher mitten im Wohnzimmer stehen hat. Die Möbel in dem Raum, in dem sich der Fernseher befindet, orientieren sich alle an dem Fernseher. Der Raum ist dann so verteilt, dass man aus jedem Winkel des Raumes Fernsehen kann.

Da eben der Fernseher häufig an ist, kann man bei Gesprächen höflichst bitten, ihn auszuschalten. Dem wird dann auch gerne nachgegangen.

Geguckt wird öfters muttersprachliches Fernsehen. Nicht weil da besseres Programm läuft, sondern weil hiermit der Heimatbezug entsteht. Die Sprache ist vertraut und die Heimat in der Ferne kommt ins eigene Wohnzimmer. So werden auch öfters muttersprachliche Nachrichten geguckt und muttersprachliche Zeitungen gelesen, um zu wissen, was in der Heimat los ist. Allerdings hat sich auch dies im Laufe der Generationen verändert. Dass heißt, Personen, die in Deutschland geboren, aufgewachsen und sozialisiert sind, haben nicht unbedingt den Drang, muttersprachliche Sendungen zu gucken.

37 Gastfreundschaft 1

> › Sehr viel Wert auf Gastfreundschaft
> › Gastrecht
> › Laden zu sich nach Hause ein
> › Spontane Einladung zum Essen wird häufig aus-
> gesprochen; egal ob man sich seit langem kennt
> oder erst seit einigen Minuten
> › Essen wird geteilt; nicht alleine gegessen
> › Das angebotene Essen nicht anzunehmen, gilt als
> Beleidigung
> › Der Gast "startet" das Essen

Die Gastfreundschaftlichkeit der Türken und Araber ist in Deutschland bekannt. Diese führt so weit, dass man sogar Personen, die man 20 Minuten vorher nicht kannte, zu sich nach Hause einlädt. In der Türkei ist dies gang und gäbe, wobei diese Tradition des Nachhause-Einladens, auch unter Bekannten, in Deutschland stark ablässt.

Generell ist es jedoch so, dass sich Freunde und Bekannte gegenseitig nach Hause oder zum Essen einladen und so den Tag miteinander verbringen. Dabei ist es sehr wichtig, das angebotene Essen nicht abzulehnen. Die Ablehnung wird als ein Zeichen der Beleidigung wahrgenommen. Es ist nämlich für den Gastgeber eine Ehre, Essen anbieten zu können. Die Ablehnung dieser wird so verstanden, dass dem Gastgeber keine Ehre gezeigt wird. Um Missverständnisse vorzubeugen, sollte man also schauen, ob man das Angebot annehmen kann. Der Gast startet dann auch das gemeinsame Essen.

Theologisch wird hier vom Gastrecht gesprochen. Der Gast hat sozusagen ein Anspruch auf Gastfreundschaftlichkeit, was ihm dann ausgiebig erteilt wird.

Generell wird versucht, auch wenn kein Besuch da ist, sein Essen stets mit Anderen, z.B. mit den Nachbarn, zu teilen. Hierzu gibt es zahlreiche Aussprüche des Propheten Muhammed (siehe Nachbarschaftspflege). Daher hat sich hier ein besonders spendabler Ansatz in muslimisch geprägten Kulturen entwickelt. Wenn z.B. gemeinsam in einem Lokal oder einem Restaurant gegessen wird, ist es üblich, dass nur eine Person das gesamte Essen bezahlt. Beim nächsten Essen sind dann die Anderen an der Reihe. So wird es als seltsam empfunden, wenn jeder selbst für sich bezahlt. Es gibt sogar für die „Jeder-zahlt-selbst"-Variante eine Bezeichnung in der Türkei: „Die deutsche Variante".

38 Gastfreundschaft 2

> Anzahl der "Gäste" unbestimmbar
> Unangekündigte Besuche
> Der Besuchte wird durch den Besuch geehrt
> Man übernachtet beim Besuchten –> falls kein Platz da, nehmen die Nachbarn die Gäste auf
> Es wird nacheinander gespeist
> Grenzen zwischen Höflichkeit-Verschwendung
> Keine Ruhe; Hektik
> Räumliche Geschlechtertrennung

Das gleiche Ehrgefühl gilt auch zu Hause, wenn Besuch anwesend ist. Derjenige, der zu Hause besucht wird, wird geehrt. Deshalb ist es eine Ehre, jemanden zu Hause zu besuchen. Man zeigt damit, dass man die besuchte Person schätzt.

Innerhalb der ersten und zweiten Generation fanden Besuche häufig unangekündigt statt. Dass heißt, man hat sich vorher telefonisch nicht abgesprochen.

Die tatsächliche Zahl der Besucher kann nicht wirklich bestimmt werden. Man weiß also nie, wie viele kommen. Es kann sein, dass eine Familie eingeladen wird, diese aber noch den Nachbar oder andere Verwandte mitbringt.

Zudem kommt es häufig vor, dass Besucher, die von weiter wegkommen, bei dem Besuchten übernachten. Daher gehören Bodenmatratzen und Schlafsäcke zum Inventar eines jeden türkischen und arabischen Haushaltes. Falls nicht alle in einer Wohnung übernachten können, nehmen die Nachbarn gerne die Besucher bei sich zu Hause auf.

Beim Essen wird dann, in dieser großen Menge, nacheinander gespeist.

Die Grenzen zwischen Höflichkeit und Verschwendung sind dabei fließend. Man kocht und serviert viel mehr, als eine einzelne Person essen könnte. Dies neigt öfters zu einer Verschwendung. Damit dies jedoch nicht geschieht, wird das Essen eben auch mit den Nachbarn geteilt.

Bei so viel Besuch gibt es natürlich nur wenig Ruhe. Daher hat man zwar eine herzliche Atmosphäre, jedoch mit dem Hauch einer Hektik.

Wenn Besuch kommt, welches nicht zur Familie gehört, gibt es meist eine räumliche Geschlechtertrennung, oder zumindest sitzt man an unterschiedlichen Tischen. Dies aus dem einfachen Grund, weil Männer mit Männern und Frauen mit Frauen aus diesen Kulturkreisen viel "lockerer" miteinander reden, wenn sie gleichgeschlechtlich sind.

39 Nachbarschaftspflege

> › Wird im Islam hochgeschätzt
> › Zahlreiche Aussprüche des Propheten Muhammed und Verse aus dem Koran

Nachbarschaftspflege wird im Islam besonders gefördert. Hierzu gibt es verschiedene Aussagen des Propheten Muhammed und Verse aus dem Koran:

„Der Beste unter den Menschen ist derjenige, der seinen Mitmenschen am nützlichsten ist" (Muhammed).

„Ein Gläubiger ist nicht jemand, der sich satt isst, während sein Nachbar an seiner Seite hungrig ist" (Muhammed).

„Der beste Gefährte bei Gott dem Erhabenen ist, wer am besten zu seinen Gefährten ist, und der beste Nachbar bei Gott dem Erhabenen ist, wer am besten zu seinen Nachbarn ist" (Muhammed).

„Derjenige wird nicht in den Paradiesgarten eintreten, vor dessen Übel sein Nachbar nicht sicher ist" (Muhammed).

„Nimmt Hilfs- und Pflegebedürftige in Obhut. Denn nur aufgrund der Existenz von Hilfs- und Pflegebedürftigen wird euch Hilfe und Segen gewährt" (Muhammed).

„Wenn du Suppe kochst, füge mehr Wasser hinzu, und denke an deine Nachbarn" (Muhammed).

Der Engel Gabriel überbrachte dem Propheten so viele Botschaften zum Umgang mit den Nachbarn, dass der Prophet dachte, dass Gott vielleicht sogar noch befehlen würde, die Nachbarn in die Erbschaft mit einzuteilen: „(Der Engel) Gabriel empfahl mir so oft die gute Behandlung des Nachbarn, dass ich beinahe dachte, er würde ihn vielleicht zum Erben einsetzen" (Muhammed).

„Und seid gut zu den Eltern und zu den Verwandten, den Waisen, den Armen, dem Nachbar, sei er verwandt oder aus der Fremde, dem Begleiter an der Seite, dem Sohn des Weges. […] Seht, Gott liebt nicht den Hochmütigen und Prahler" (Koran, 4:36).

„Darum unterdrücke nicht die Waise und fahre nicht den Bettler (Bittenden) an" (Koran, 93:10)

Diese und andere Aussagen führten dazu, dass eine ausgiebige Nachbarschaftspflege in den muslimischen Gemeinschaften entstanden ist.

40 Situationsbeispiel

Bevor das nächste Thema behandelt wird, ein Situationsbeispiel aus den 80ern: Ein Lehrer ruft die Familie des türkischen Kindes zur Schule, um mit ihnen über die Bildungssituation des Kindes zu sprechen. Zum Gespräch kommt die ganze Verwandtschaft, inkl. Oma, Opa und Onkel.

Was ist hier schiefgelaufen?

41 Familienbild 1

> Familie umfasst auch Oma, Opa, Tante, Onkel, etc.; alles, was man noch aufzählen kann (mehrere Generationen)
> Eine Hausfamilie hat drei Generationen
> Familienzusammenhalt ist sehr stark; intensiver Kontakt
> Für jedes Familienmitglied ein eigener Begriff -> Wertigkeit
> Vertrauen und Erwartungen an die Familie hoch

Es liegt ein unterschiedlicher Familienbegriff vor. Wenn man in Deutschland Familie sagt, dann meint man meistens die Kernfamilie, also Vater-Mutter-Kind. Der türkische und arabische Begriff meint aber alle, die man noch aufzählen kann. Oma, Opa, Tante, Onkel und noch viele weitere Generationen und Verwandte gehören zum Begriff der Familie.

Eine Hausfamilie hat im Normalfall drei Generationen, Großeltern-Eltern-Kind. Doch auch diese Tradition wird in Deutschland nur noch von den wenigsten türkischen und arabischen Familien weitergelebt, zumal die Räumlichkeiten in Deutschland kleiner sind, als man sie z.B. aus der Türkei kennt. In der Türkei hat eine Durchschnittswohnung ca. 120m². Also mehr das Doppelte, was man in Deutschland als Durchschnitt bezeichnen würde. In so einer Wohnung haben natürlich viele Personen Platz. In den Wohnungen in Deutschland lebt daher auch unter Türken oder Arabern meistens nur die Kernfamilie.

Der Zusammenhalt in der Familie ist jedoch trotzdem sehr stark. Man hat einen ständigen und intensiven Kontakt zueinander.

Um die Wichtigkeit der verwandtschaftlichen Beziehungen hervorzuheben, wird im Islam hierfür der Begriff "sila-i rahim" verwendet. Wortwörtlich übersetzt bedeutet dies "Weg (oder Sehnsucht) zur Barmherzigkeit" und meint, dass man seine Verwandten stets besuchen und Kontakt mit ihnen haben sollte. Der Prophet Muhammed sagte noch: „Der, der sich am meisten vor seinem Herrn fürchtet, sich am meisten um seine Verwandten kümmert, das Gute empfiehlt und versucht, die Menschen vom Schlechten abzuhalten (ist der beste unter den Menschen)."

Dass die Familie in der türkischen und arabischen Kultur eine sehr wichtige Rolle spielt, merkt man auch daran, dass jedes einzelne Familienmitglied einen eigenständigen Begriff hat (siehe Onkel-Tante bei Anrede). Daher gibt es für viele dieser Begriffe auch keine Übersetzungen im Deutschen.

An die Familie werden bestimmte Erwartungen gesetzt. Die Familie ist in Notsituationen zur Stelle und hilft. Familienmitglieder zählen aufeinander und man ist sich gegenseitig Hilfe schuldig. Deshalb in das Vertrauen in die eigene Familie auch hoch. Daher versucht man jegliche Probleme erst in der Familie untereinander zu lösen.

Daher hatten viele geflüchtete Jugendliche ein Problem, als sie in Deutschland plötzlich alle Probleme selbst bewältigen mussten. Die Familie, die sonst immer da war, war in der Heimat geblieben. Man war nun auf sich selbst gestellt. Nun musste man Verantwortung tragen.

42 Familienbild 2

> › Kinder als Geschenke Gottes -> Je mehr, desto besser
> › Umfeld hat große Priorität (Tabuthemen werden nicht angesprochen, damit sie nicht in den Umlauf kommen); daher wird Familie "bewahrt"
> › Vom Verhalten der Kinder wird auf den Erfolg/Misserfolg der Eltern in der Erziehung zurückgeschlossen
> › Ehe, Familie, Körper und Sexualität sind positiv besetzt
> › Keine Erbsünde

Kinder gelten als Geschenke Gottes. Je mehr Geschenke man hat, desto besser ist es natürlich. Daher ist die Geburtsrate unter Türken und Arabern im Vergleich zu

Deutschen hoch. Eine durchschnittliche türkische oder arabische Familie hat drei Kinder. Die Standardabweichung liegt bei 1. Das heißt, die Kinderzahl schwankt zwischen 2 und 4.

Das Umfeld, besonders die Nachbarn, spielen eine bedeutende Rolle in der Kommunikation. Es hat eine große Priorität, was die Nachbarn über die eigene Familie denken. Denn vom Verhalten der Kinder wird auf den Erfolg oder Misserfolg der Eltern in der Erziehung zurückgeschlossen. Deshalb gibt es Tabuthemen, die auf keinen Fall "nach draußen" gelangen dürfen, um die Familie vor übler Nachrede zu bewahren. Darauf sollten z.B. Berater, Ärzte oder Psychologen achten. Viele Motivationen oder eben Demotivationen für Handlungen entstehen aus diesem Problemfeld. Die zwei größten Tabuthemen sind Scheidungen und Suchtproblematiken, insbesondere Drogen- und Glücksspielsucht (vgl. Şahinöz, 2015).

In muslimisch geprägten Kulturen sind Begriffe wie Ehe, Familie, Körper und Sexualität (in der Ehe) positiv besetzt und daher wichtig im Alltag und in der Lebenspraxis.

Zudem existiert im Islam keine Erbsünde. Kinder sind bis zur Pubertät sündenfrei. Dies ändert die Wahrnehmung den Kindern gegenüber.

43 Erziehung

> Rollenverständnis: Vater – Mutter – Kind
> Vater beschützt und ernährt die Familie
> Die Erziehungsaufgabe wird der Mutter übertragen; sie kümmert sich um Angelegenheiten der Schule, der Bildung, der Erziehung
> Familienmodell = klar gegliederte Aufgabenverteilungen; Mann ist Außenministerium, Frau ist Innenministerium

In der Thematik Erziehung bietet sich an, erst das Rollenverständnis zu analysieren. In der türkischen und arabischen Kultur gibt es ein klares Bild darüber, was die Rollen und Positionen der einzelnen Familienmitglieder angeht.

Der Vater hat dabei die Rolle, die Familie zu beschützen und zu ernähren. Auch wenn dies in jeder Kultur unterschiedlich ausgeprägt ist, ist diese Rollenfunktion quasi in fast allen Kulturen der Welt mehr oder weniger vorhanden.

Die Mutter wiederum hat die Rolle, die Familie zu erziehen. Damit ist aber die gesamte Familie gemeint, also auch der Mann. Die Mutter ist es dann, die sich um die Angelegenheiten der Schule, der Bildung und der Erziehung kümmert. Dies ist der Normalfall. In Deutschland kann dies jedoch manchmal anders sein, wenn z.B. die Mutter kein Wort Deutsch spricht.

Das Familienmodell hat also eine klar gegliederte Aufgabenverteilung. Der Vater ist der Außenminister des

Hauses. Er vertritt die Familie draußen. Die Mutter ist die Innenministerin und bestimmt somit, was zu Hause geschieht.

44 Erziehungsstil 1

Im türkischen und arabischen Erziehungsstil gibt es nur wenig Grenzen für die Kinder. Grenzensetzung findet daher nur selten statt. Viele Kinder und Jugendliche wissen daher nicht, wo ihre Grenzen sind und können dies auch nur selten im weiteren Verlauf ihres Lebens erlernen.

Des Weiteren gibt es kaum Repressalien und Androhungen werden nicht in die Tat umgesetzt. Hierzu eins der vielen Beispiele, die sich in der Beratung abspielen: Eine Mutter regt sich darüber auf, dass ihre Tochter nie ihr Zimmer aufräumt. Die Tochter wäre stur und würde sich nicht an Abmachungen oder Regeln halten. Für das nächste Gespräch kommt die Tochter mit. Auf die Frage, warum sie denn nie ihr Zimmer aufräumt, gibt sie folgende Antwort: „Wenn ich von der Schule nach Hause komme, möchte ich draußen spielen. Aber meine Mutter erlaubt es mir nicht. Sie sagt dann immer, ich soll erst mein Zimmer aufräumen. Ich schreie dann, weine etwas, und dann lässt sie mich doch raus. Wenn ich später nach Hause komme, ist mein Zimmer aufgeräumt." So oder so ähnlich spielt es sich in vielen Familien ab. Das Kind in dieser Geschichte hat nämlich schon im frühkindlichen Alter gelernt, dass Wünsche in Erfüllung gehen, wenn man laut genug schreit oder weint.

Es wird auch gerne eine kleine Anekdote unter türkischen Frauen aus der ersten Generation erzählt: Eine deutsche Mutter ist mit ihrem deutschen Sohn im Supermarkt. Der Sohn möchte eine Schokolade. Die Mutter sagt aber „Nein." Der Sohn schreit und brüllt, aber die Mutter bleibt beim Nein und interessiert sich für das Geschrei nicht. Auch an der Kasse schreit das Kind, aber es bleibt dabei: Keine Schokolade. Nun befinden sich auch eine türkische Mutter und ihr Sohn im Supermarkt. Auch dieser Sohn möchte eine Schokolade. Die Mutter sagt auch hier „Nein." Der Sohn fängt an zu brüllen und zu schreien. Diesmal sagt die Mutter: „Oğlum ayıp!" (Mein Sohn, das ist beschämend). Der Sohn wird immer lauter und die Mutter schaut sich herum und schämt sich so langsam. Also wird die Schokolade gekauft! Denn durch das Geschrei des Kindes, könnten die anderen Personen im Supermarkt denken, dass die Mutter nicht in der Lage ist, ihr Kind zu erziehen.

Diese Geschichte kursiert unter den türkischen Frauen, um zu zeigen, dass man sich erstens die deutsche Disziplin aneignen und genauso konsequent sein müsse, und zweitens, dass man dem sozialen Umfeld zu viel Beachtung schenkt.

Daher ist das größte Problem beim Thema Erziehung, dass keine Grenzen gesetzt werden, Regeln und Abmachungen nicht vorhanden sind und dass Androhungen nicht in die Tat umgesetzt werden. Da die Kinder dies nicht erlernen, haben sie Schwierigkeiten im weiteren Verlauf ihres Lebens.

Ein wichtiger Begriff ist auch der "Respekt" Begriff. Dieser muss in der türkischen und arabischen Kultur nicht erst angeeignet oder verdient werden, sondern wird einem z.B. auf Grund seines Alters gezeigt.

45 Erziehungsstil 2

> › Mädchen mit mehr Verantwortung
> › Jungs: Beschneidung -> Militärdienst -> Arbeit -> Heirat -> Kinder

Das Klischee, das Jungs in türkischen und arabischen Familien mehr Freiheiten haben als Mädchen, stimmt zwar nicht ganz, doch ein Aspekt der Wahrheit ist hierbei enthalten.

Auf Grund der Tatsache, dass Frauen die Erziehungsaufgabe quasi einer ganzen Gesellschaft übertragen wird, werden Mädchen mit viel mehr Verantwortung erzogen als Jungs. Während ein Mädchen auf das ganze Leben vorbereitet wird, erwartet man von einem Jungen vergleichsweise nur, dass er "körperlich" zu funktionieren hat. Die Biographie der Jungs führt von der Beschneidung zum Militärdienst, zur Arbeit, Heirat und letztendlich zur Gründung einer Familie. Obwohl auch all dies mit großer Verantwortung verbunden ist, wird der Großteil der Verantwortung den Frauen übergeben.

46 Intimsphäre

Bei der Kindererziehung spielt die Intimsphäre eine wichtige Rolle. Die unterschiedlichen Verständnisse von Intimsphäre können zu Konflikten führen, wenn z.B. Kinder nackt in der Kindertagesstätte schwimmen. Hier sollte man zunächst Gespräche mit den Familien führen, um Konflikte vorzubeugen.

47 Ehre

Der Ehrbegriff ist ebenfalls ein Feld, das zu Konflikten oder Missverständnissen führen kann. Im Unterbewusstsein herrscht der Glaube, dass eine Frau mit Ehre geboren wird und diese "bewahren" muss, während der Mann sich Ehre erst durch sein Handeln und sein Verhalten "erwerben" muss.

48 Privatsphäre

> Beratungsgespräche öfters zu zweit (siehe Familienbegriff)
> Privatsphäre wird nicht gerne offengelegt
> Sexualität Tabuthema
> Keine Trennung der Religion vom öffentlichen Raum

Bei türkischen und arabischen Klienten kann man davon ausgehen, dass sie selten oder nicht gerne alleine kommen. Sie haben mindestens eine Person dabei. Meistens eine Person, die noch dem Familienbegriff zugeordnet wird und dem sie Vertrauen schenken. Es kann auch

vorkommen, dass eine weitere Person nur dabei ist, um
zu übersetzen.

Da die Privatsphäre in der türkischen und arabischen
Kultur eine wichtige Rolle spielt, muss man diese Klienten erst einmal herauslocken. Denn viele haben ein
Problem damit, ihre Privatsphäre fremden Menschen
offenzulegen. Das gilt vor allem für Themen der Intimsphäre, wie z.B. Sexualität. Dass sie aber den Weg zur
Beratung oder Therapie gegangen sind, zeigt, dass sie
dies offensichtlich tun wollen. Man muss ihnen nur dabei
etwas Hilfestellung leisten.

Während es im europäischen Raum keine Rolle spielt, ob
man einen evangelischen, katholischen oder atheistischen
Klienten hat, ist es bei dieser Klientel sehr wichtig, dass
man auch das Religiöse mit betrachtet. Wie schon mehr-
mals erwähnt, spielt in der türkischen und arabischen
Kultur der Islam eine wesentliche Rolle. Die Muslime
sind nicht religiös-neutral, auch nicht im öffentlichen
Raum.

49 Krisensituation

> Die Familie als einziger Ansprechpartner
> Wenig professionelle Hilfe
> Frauen machen den ersten Schritt -> Leidungs-
>   druck und Lösungsorientierter
> Männer wollen Problem nicht wahrhaben

In Krisensituationen ist die Familie meistens der einzige
Ansprechpartner. Professionelle Hilfe, vor allem Berater

oder Psychologen, werden selten in Anspruch genommen.

Oft sind es Frauen, die den ersten Schritt Richtung Lösung machen. Das liegt daran, dass hier der Leidungsdruck höher ist und die Frauen daher lösungsorientierter sind.

Männer wollen oft ein Problem nicht wahrhaben und scheuen sich davor, es öffentlich auszusprechen.

50 Trauerformen

> Bestimmte Bräuche, wie mit Tod und Trauer umgegangen wird

Es gibt bestimmte Bräuche, wie mit Tod und Trauer umgegangen wird. Dies kann von Region zu Region sehr unterschiedlich sein. In einigen Gebieten wird laut geweint, geklagt und geschrien. Daher entstehen Klagelieder.

Theologisch gesehen wird das laute Klagen und Weinen nicht befürwortet. Der Prophet Muhammed sagte einmal: „Das Auge weint, und das Herz ist traurig. Doch sagen wir nur, was unserem Herrn gefällt."

51 Notsituationen

In Notsituationen ist das Thema Religion meistens nicht primär, sondern nur sekundär. Kulturelle Verhaltensformen, die tief verankert sind, spielen dann eine wichtigere Rolle. Dies kann man auch in der Notfallseelsorge beobachten, wo in den ersten Stunden das kulturelle in den Vordergrund rückt.

52 Konfliktmanagement (Mediation)

Bei Konflikten gibt es öfters einen Vermittler zwischen den Parteien, ähnlich wie ein Schlichter. Dieser Vermittler hört beiden Parteien zu und gibt dann Ratschläge. Die Kommunikation verläuft unter seiner Federführung. Meistens nimmt der Älteste in der Familie diese Rolle ein. Aber in Dörfern auch mal Autoritätspersonen oder Imame.

Auch dies hat einen theologischen Hintergrund. In einem Ausspruch des Propheten Muhammed heißt es: „Stiftest du unter zwei (verfeindeten) Menschen Versöhnung, ist es wie eine Spende." Daher bemüht man sich, Personen, die in einen Konflikt geraten sind, zu versöhnen.

53 Gemeinschaft

> Gemeinschaft statt Individualität
>
> Bei der Geburt und beim Tod ist die ganze Gemeinschaft anwesend

Kulturen unterscheiden sich auch hinsichtlich ihrer Wahrnehmung von Gemeinschaft und Einzelpersonen. Es gibt Kulturen, in denen eine Person als Individuum im Vordergrund steht. Dann gibt es Gemeinschaften, hierzu zählen auch die türkische und arabische Kultur, in denen das kollektive, die Gemeinschaft zentral ist. So ist es dann auch, dass bei großen Anlässen und Feiern, wie z.B.

bei der Eheschließung, aber auch bei Geburt und Tod, die ganze Gemeinschaft anwesend ist.

54 Eheschließung

Eine Hochzeit findet recht schnell statt. Spätestens binnen einem Jahr nach dem Kennenlernen sind die Paare verheiratet.

Das Durchschnittsalter der Heiratenden liegt bei 22-24, wobei dies in den früheren Jahren niedriger war und in den kommenden Jahren höher sein wird. Auch hier ist zu beobachten, dass man sich den Verhältnissen in Deutschland, auf Grund der Schuldauer, Ausbildung, Universität etc., anpasst.

Da die Heiratenden meist noch jung sind, werden die zukünftigen Kinder der Heiratenden von der Oma mit erzogen.

Die durchschnittliche Kinderzahl liegt, wie bereits erwähnt bei 2-4 Kindern pro Familie. Zum Vergleich: Der

Gesamtdurchschnitt in Deutschland liegt bei 1,57 (Statistisches Bundesamt, 2019b).

Jugendliche verlassen erst mit der Heirat das Haus. Bis sie verheiratet werden, bleiben sie bei ihren Eltern zu Hause. Ledige Männer mit 30 Jahren, die bei ihren Eltern wohnen, werden also in der Community ganz und gar nicht als "Muttersöhnchen" bezeichnet. Das wird dann als normal betrachtet, da man ja nicht verheiratet ist.

Zudem geht man davon aus, dass eine Familiengründung eine Person (meist den Mann) zur Vernunft bringt. Deshalb suchen viele Familien, deren Söhne Probleme haben, die Lösung in einer Eheschließung. Nicht, um die Söhne aus dem Haus zu bekommen, sondern um ihnen durch die Heirat eine Ordnung und Verantwortung im Leben zu geben.

Früher heirateten viele Jugendliche einen Partner aus der Heimat. Dies ist einerseits auf Grund von verschärften Einreiseregeln nach Deutschland und andererseits auf Grund von Kulturkonflikte, die mit einem Partner aus der Heimat entstehen können, inzwischen fast gar nicht mehr der Fall.

Scheidungen kommen in der türkischen und arabischen – und generell muslimischen – Gesellschaft selten vor (jedoch mit steigender Tendenz). Dies hat mehrere Gründe: Zunächst einmal wird eine Scheidung vom Umfeld her nicht besonders gut gesehen. Es wird getadelt. Das Umfeld spielt ja, wie schon erwähnt, eine ganz bedeutende Rolle. Darauf wird geachtet. Zweitens geht man davon aus, dass man sich tatsächlich bis zum letzten Atemzug gebunden hat. Es wird also wortwörtlich genommen, wenn gesagt wird „Bis der Tod uns scheidet." Ja sogar weit darüber hinaus. Denn die Muslime glauben, dass die Beziehung mit dem Partner im Jenseits fortgeführt wird. Daher binden sich die Partner, egal ob religiös oder nicht, sehr stark aneinander und versuchen Probleme auf ihre eigene Art und Weise zu lösen.

Erwähnenswert ist auch, dass bei einer Eheschließung nicht nur die beiden Paare heiraten, sondern die gesamte Familie. Dass heißt, die Verwandten des Ehepartners werden zu eigenen Verwandten. Die Brüder oder Geschwister des Ehepartners werden zu eigenen Brüdern oder Geschwistern.

55 Hochzeitsfeier

> › Zur Hochzeit kommen alle (generell an die 1000 Gäste)
> › Örtliche Unterschiede wie eine Feier stattfinden soll
> › Standesamt + religiöse Eheschließung + Hennafest + Feier

Zu einer gewöhnlichen türkischen und arabischen Hochzeit kommen an die 1000 Gäste. Die meisten dieser Besucher kennt man nicht einmal. Es wird einfach jeder in direkter Nachbarschaft mit der gesamten Familie eingeladen, und was Familie bedeutet, wurde ja schon behandelt.

Es gibt örtliche Unterschiede, über die inhaltliche Gestaltung einer Hochzeitsfeier. In den verschiedenen

Regionen gibt es hierfür unterschiedliche Rituale und Bräuche. Fast jedes kleinste Detail wird daher von den Ehepartnern und ihren Familien schon vor der Feier besprochen und abgestimmt, damit es nicht zu Missverständnissen kommt.

Nach der standesamtlichen Eheschließung findet noch eine religiöse Eheschließung statt. Diese ist meist zu Hause oder in der Moschee. Vor der eigentlichen Hochzeitsfeier, welches in einem Saal oder in der Moschee stattfindet, gibt es zu dem noch ein Hennafest.

56 Rolle der Senioren

> Die Senioren genießen einen hohen Status in der Familie

-> Segen Gottes auf Grund der Senioren

Senioren genießen einen hohen Status innerhalb der Familie. Sie sorgen für den Segen der Familie. Es wird geglaubt, dass man durch Senioren Gottes Gnade erlangen kann.

Hierzu heißt es im Koran: „Und dein Herr hat befohlen: ʹVerehrt keinen außer Ihm, und (erweist) den Eltern Güte. Wenn ein Elternteil oder beide bei dir ein hohes Alter erreichen, so sage dann nicht »Pfui!« zu ihnen und fahre sie nicht an, sondern sprich zu ihnen in ehrerbietiger Weise. Und senke für sie in Barmherzigkeit den Flügel der Demut und sprich: »Mein Herr, erbarme Dich ihrer (ebenso mitleidig), wie sie mich als Kleines aufgezogen haben.«ʹ" (Koran, 17:23-24).

Der Prophet Muhammed sagte: „Wenn es keine Älteren, deren Rücken vom Alter gebeugt sind […], gäbe, würden Unglücke wie eine Flut über euch strömen." Demnach wird Gottes Segen auf Grund der älteren Menschen gegeben.

An anderer Stelle sagte der Prophet: „Gott hat ausdrücklich verboten, sich schlecht gegenüber den Eltern zu verhalten" und „Wer (seinen) Kindern keine Zärtlichkeit erweist, älteren Menschen keine Ehre und Hochachtung zeigt gehört nicht zu uns (eurer Gemeinde)".

Dadurch genießen die Senioren eine bedeutende Rolle innerhalb der Gesellschaft.

57 Stationäre Form der Altenhilfe

> › Begriff des Altenheimes ist den Muslimen unbekannt
> › Versorgung übernimmt die Verwandtschaft oder die Nachbarschaft

Deshalb existierte in der Vergangenheit der Begriff des Altenheimes in der muslimischen Literatur nicht. Bis vor kurzem gab es auch in der Türkei keine einzigen Altenheime. Auf Grund von Umstellungen im Alltag gibt es sie gegenwärtig nur in Großstädten. Es wird aber weiterhin verpönt, seine eigenen Eltern oder Verwandte in einem Heim unterzubringen.

Laut dem Islam sind die eigenen Kinder für die Versorgung der Senioren zuständig. Wenn diese es aus irgendwelchen Gründen nicht leisten können, sind es die nächsten Verwandten, die diese Verantwortung übernehmen. Wenn diese es auch nicht können, dann die Nachbarn, das Dorf usw. Erst in der allerletzten Instanz kommt der Staat oder Institutionen, die dann die Aufgabe der Versorgung sicherstellen.

58 Definition von "Alt"

Wann jemand alt ist, wird häufig vom sozialkulturellen Kontext definiert. In Europa markiert vor allem die Berufsaufgabe, der Beginn der Rente, das Altwerden. In der Türkei ist das Rentenalter schon immer ein Diskussionsthema gewesen. 1992 lag das Rentenalter paradiesisch für Frauen bei 38 und bei Männern bei 42 Jahren. Häufig war es aber auch so, dass man sehr jung mit dem Arbeiten anfing. Meistens schon vor der Pubertät. 1999 wurde das Rentenalter für Frauen auf 58 und für Männer auf 60 erhöht. Seit 2008 liegt das Rentenalter einheitlich bei 65 Jahren.

59 Senioren – Zukunftsperspektive

> › Die Gastarbeiter kehren nicht zurück, sondern bleiben in Deutschland
> › Gastarbeiter sind inzwischen Rentner in Deutschland
> › Prognosen zufolge werden die ausländischen Senioren die voraussichtlich am stärksten wachsende Bevölkerungsgruppe in Deutschland werden
> › Altern wird multikulturell

Die Migranten, die als Gastarbeiter nach Deutschland kamen, werden nicht mehr in ihre Heimat zurückkehren. Sie bleiben hier in der neuen Heimat und werden hier zu Rentnern werden.

Prognosen zufolge werden die ausländischen Senioren die voraussichtlich am stärksten wachsende Bevölkerungsgruppe in Deutschland werden (Forum Seniorenarbeit NRW, 2013).

Daraus kann man schlussfolgern, dass Altern in Deutschland multikulturell wird.

60 Senioren – Seniorenarbeit

> Damit stellt sich der Seniorenarbeit und Altenhilfe in Deutschland die Aufgabe, älter werdende Migranten adäquat zu versorgen

Dies wiederum bedeutet, dass es in der Seniorenarbeit und in Altersheimen grundlegende Veränderungen geben wird. Man wird sich auf die Bedürfnisse der älteren Migranten anpassen.

61 Senioren – Bedürfnisorientierte Arbeit

> Migranten haben wenige Informationen über bestehende Angebote
> Sind durch bestehende Strukturen nicht erreichbar
> "aufsuchende bedürfnisorientierte" Migrations-Sozialarbeit

Also wird die Arbeit bedürfnisorientiert gestaltet werden müssen. Dabei sind einige Punkte zu beachten.

Zunächst einmal sollte beachtet werden, dass Migranten über die bestehenden Angebote wenige Kenntnisse haben. Seniorenarbeit der Institutionen erreicht die Migranten nicht oder nur kaum.

Zudem sind sie durch die bestehenden Strukturen nicht zu erreichen. In der Seniorenarbeit müssen neue Wege gesucht und genutzt werden, um Migranten zu erreichen.

Eine Möglichkeit, um sie zu erreichen und den Bedarf zu ermitteln ist eine "aufsuchende bedürfnisorientierte" Migrations-Sozialarbeit.

62 Seniorenarbeit - Migrationsarbeit

> › Trennung zwischen Migrationsarbeit und Altenhilfe
> › Im ersten Bereich kaum Kenntnisse über Angebote der Seniorenarbeit und Altenhilfe
> › Im zweiten Bereich zu wenig Kenntnisse über die kulturspezifischen Anforderungen an eine befriedigende Versorgung alter Migranten

Sinnvoll ist eine Vernetzung der Senioren- und Migrationsarbeit. Bisher gibt es jedoch eine Trennung beider Bereiche.

Die Migrationsfachdienste haben zu wenig Kenntnis über die Seniorenarbeit, so dass sie diese nur schwerlich in ihre Arbeit mit aufnehmen können.

Die Seniorenarbeit wiederum ist nicht kultursensibel angelegt, so dass nicht auf die Bedürfnisse der Migranten eingegangen werden kann.

Die Zukunft liegt jedoch in der Kombination dieser beiden Fachdienste (Forum Seniorenarbeit NRW, 2013).

63 Bildung im Islam

› Hohes Gut

› Wird als Gottesdienst angesehen

› Wissen zu erlangen hat eine Priorität im Koran

Bildung ist im Islam sehr wichtig. Der erste offenbarte Koranvers lautet „Lies" (Koran, 96:1). Es gibt zahlreiche Koranverse und Aussprüche des Propheten Muhammed, in denen das Streben nach Bildung als hohes Gut angesehen wird. Es wird quasi als Gottesdienst bezeichnet und darf laut dem Islam auf keinen Fall vernachlässigt werden.

Dass es aber in den türkischen und arabischen Familien trotz dessen oftmals vernachlässigt wird, hängt mit dem Kontext und der Situation der ersten und zweiten Generation zusammen, das ja nun ausgiebig behandelt wurde.

64 Vorstellung von Schule 1

› Erwartungshaltung

› Die Schule ist eine Werkstatt, in der das Kind abgegeben wird und von den Lehrern "repariert" und "ausgebildet" werden soll

› Teil der Erziehungsaufgabe wird übertragen

› OGGS (Hausaufgabenbetreuung) wird als Hausaufgabenhilfe und "Notenverbesserung" verstanden

Die Vorstellung von Schule ist in türkischen und arabischen Familien anders als das Selbstverständnis von Bildungseinrichtungen. Die Erwartungshaltung unterscheidet sich von dem, was die Schule eigentlich bieten kann. Die Schule wird als eine Art Werkstatt wahrgenommen. Das eigene "unvollständige" Kind wird hier abgegeben, damit es von den Lehrern "repariert" und für das Leben ausgebildet und vorbereitet wird. Damit wird ein wichtiger Teil der Erziehungsaufgabe der Schule übertragen.

Daher werden auch Hausaufgabenbetreuungsangebote wie z.B. der OGS oder OGGS als eine Art Hausaufgabenhilfe, Nachhilfe oder "Notenverbesserung" verstanden.

65 Vorstellung von Schule 2

> Die Eltern mischen sich nicht in die Angelegenheiten der Schule ein
> „Das Fleisch gehört dir, die Knochen mir."
> Lehrer sind Respektpersonen
> Hausaufgabenhilfe wird zu Hause wenig angeboten
> Deutsches Bildungssystem unklar

Weil eben die Erziehungsaufgabe übertragen wird, mischen sich die Eltern in die Angelegenheiten der Schule nicht ein. Viele Lehrer sind daher öfters verwirrt, wenn sie von türkischen oder arabischen Eltern zu hören bekommen, dass sie doch dafür sorgen müssen, dass die Noten stimmen. Dies wird in einem türkischen Sprichwort deutlich: Am ersten Tag der Schule übergibt man sein Kind dem Lehrer und sagt: „Das Fleisch gehört dir, die Knochen mir." Also mache mit dem Fleisch was du möchtest, bilde es aus, forme es, aber die Knochen möchte ich wiederhaben.

Zudem hat der Beruf des Lehrers eine besondere Statusrolle. Wenn jemand aus einer Familie Lehrer wird, dann wird dies groß gefeiert und im sozialen Umfeld verbreitet. Man spricht dann mit Achtung vor dieser Person, die diesen Beruf ausübt. Es gibt sogar viele Bücher und Fernsehserien, die den Kult um diesen Beruf fördern.

So wird der Lehrer, z.B. in zahlreichen Fernsehserien, als eine Art Person dargestellt, der sich in allen Situation des Lebens um die Schüler kümmert. In allen Lagen hilft der Lehrer den Schülern aus der Patsche und ist nicht nur für Angelegenheiten der Schule da. Die Rolle des Lehrers ist also eher eine kumpelhafte Person, der die Schüler im ganzen Leben, also auch im Alltag, begleitet.

Zu Hause wird wenig Hausaufgabenhilfe angeboten. Dies vor allem, wenn die Eltern nicht genügend Deutsch sprechen um ihren Kindern bei den Hausaufgaben helfen zu können.

Häufig kommt es auch vor, dass das deutsche Bildungssystem unklar ist. Vor allem für die erste Generation war die Bildungslandschaft verglichen mit der Türkei ein Labyrinth, den man erst durchforsten musste.

66 Kultur vs. Religion 1

Ein großes Themenfeld ist die Beziehung zwischen Kultur und Religion.

Natürlich gibt es theologisch gesehen nur **einen Islam**. Jedoch fließt immer die eigene Kultur in die Religion mit ein, so dass **mehrere "Islame"** entstehen. Auch wenn dann der Kern und die Basis der Selbe ist, gibt es kleinere Unterschiede. Diese Unterschiede sind keine Unterschiede im Glauben selbst, sondern in den alltäglichen Handlungen.

Daher gibt es eine kulturelle Vielfalt und Heterogenität unter den Muslimen. In Deutschland leben Muslime mit deutscher Kultur, türkischer Kultur, arabischer Kultur, britischer Kultur und viele weitere.

67 Kultur vs. Religion 2

> Für einen Außenstehenden kaum möglich zu unterscheiden
> Kultur = Paradebeispiele sind Ehrenmord und Zwangsheirat (auch unter Christen aus diesen Gebieten verbreitet)
> Religiös gesehen sind Ehrenmord und Zwangsheirat absolut tabu
> Bei Konflikt -> Kultur

Kultur und Religion sind zwei verschiedene Sachen, die aber immer wieder vermischt werden. Für einen Außenstehenden ist es natürlich fast unmöglich zwischen **Kultur und Religion** zu unterscheiden. Wenn man den

Islam nicht kennt, ist es nur schwer möglich zu unterscheiden, ob nun eine bestimmte Handlung religiös oder kulturell bedingt ist.

Kultur und Religion haben zwar auch Schnittmengen, wo sie identisch sind, sie haben jedoch auch Bereiche, die im großen Widerspruch zu einander stehen. Wenn Religion und Kultur im Widerspruch oder Konflikt zueinanderstehen, entscheiden sich viele Familien für die Kultur. Dann ist dann nicht entscheidend, was z.B. im Koran steht oder der Prophet Muhammed gesagt hat, sondern was die Nachbarn sagen, was die Community denkt oder wie es im Heimatdorf umgesetzt wird.

Paradebeispiele hierfür sind Ehrenmord und Zwangsheirat. Es gibt keine Religion der Welt, die diese beiden abscheulichen Handlungen erlauben würde. Im Islam sind sie sogar verachtet. Eine Heirat, die z.B. durch Zwang entsteht, ist im Islam absolut verboten und ungültig vor Gott.

Ehrenmorde hat der Prophet Muhammed aufgehoben und verdammt. In seiner Abschiedspredigt sagte er: „**Ein Araber ist nicht vorzüglicher als ein Nichtaraber, noch ein Nichtaraber vorzüglicher als ein Araber; Ein Schwarzer ist nicht vorzüglicher als ein Weißer, noch ein Weißer als ein Schwarzer. [..] Wahrlich, alle Dinge aus der Dschahilija (Zeit der Unkenntnis) sind nun unter meinen Füßen. Die Blutrache der Dschahilija ist aufgehoben. [...] Ihr Leute, wahrlich euer Blut, euer Eigentum und eure Ehre sind unantastbar, bis ihr eurem Herrn gegenübersteht.“**

Dass dies trotzdem stattfinden kann, ist **nicht islamisch bedingt, sondern kulturell**. Leider sind in einigen Kulturen diese beiden Schandtaten weitverbreitet, auch unter buddhistischen oder christlichen Personen aus diesen Kulturkreisen findet man Ehrenmorde und Zwangsverheiratungen.

Daher muss man, wenn man ernsthaft diese Problematik lösen will, das Thema von der Wurzel her anpacken. Ein Angriff hier auf den Islam oder **religiöse Argumentationen bringen rein gar nichts**. Denn die Menschen, die dies bewerkstelligen, machen es nicht aus religiöser Überzeugung, sondern aus kultureller Überzeugung.

Im Aufbruch dieser Überzeugungen, darin sollte unsere gesellschaftliche Aufgabe liegen.

Auch nützt es öfters nicht, die Moscheen für Aufklärungsarbeit zu diesen Themen zu nutzen. Denn Familien, in denen Ehrenmorde und Zwangsverheiratungen stattfinden, sind **größtenteils nicht in den Moscheen zu finden**. Sie sind meistens weniger religiös und leben eher zurückgezogen als in Moscheen oder Kulturvereinen.

68 Heterogenität

> Rituale und Alltagspraktiken können sich unter Muslimen unterscheiden
> Individualität im Islam

Durch die Heterogenität können sich Rituale und Alltagspraktiken unter den Muslimen unterscheiden.

Zudem gibt es theologisch gesehen eine Individualität im Islam. Ob man z.B. an einem Tag fasten kann oder aus gesundheitlichen Gründen nicht, muss die Person für sich selbst entscheiden. Beides kann je nach Situation richtig sein.

Denn der gesamte institutionelle Charakter, den man aus dem Christentum kennt, fällt weg. Der Muslim entscheidet dann für sich, was er tut oder was er nicht tut. Diese Entscheidung kann für ihn niemand anderes treffen. Er kann sich zwar beraten lassen oder sich eine Fatwa, also ein Rechtsgutachten eines Gelehrten, holen, aber die letzte Entscheidung trifft er selbst und ist somit auch allein vor Gott verantwortlich. Deshalb beichtet auch jeder alleine im Islam und es gibt auch nichts Ähnliches wie eine Taufe oder Konfirmation. Jeder, der an das Glaubensbekenntnis glaubt, ist automatisch Muslim.

69 Religion

› 85% der Muslime in Deutschland geben an, dass Religion in ihrem Alltag eine große Rolle spielt
› Verständnis für den Einfluss der Religion des Klienten (Patientin, Eltern der Schüler etc.) ist wichtig

Laut einer Studie geben 85% der Muslime in Deutschland an, dass ihre Religion in ihrem Alltag eine große Rolle spielt. Was dies für eine Rolle ist und was das bedeutet, ist jedoch immer unterschiedlich. Für den einen ist es der Gang zur Moschee, für den anderen nur ein einfaches Bekenntnis zum Islam. Wichtig ist, dass diese Personen es selbst so einschätzen und sagen, dass Religion für sie wichtig ist. Daher sollte man dies immer im Hinterkopf behalten und die Religion nicht außer Acht lassen.

Der Arzt, Richter, Berater oder Lehrer sollte also Wissen, dass die Religion einen Einfluss auf den Alltag der Menschen hat. Diesen Einfluss auszublenden, hilft bei Problemlösungen nicht weiter.

70 Rolle und Bedeutung der Religion

> › Der Islam umfasst alle Lebensbereiche; Muslime sind immer auf religiösem Gebiet
> › Gemeinsamer Nenner auf Grund der Migration und Flucht
> › Bestandteil der Identität
> › Bietet Orientierung

Der Islam umfasst alle Lebensbereiche eines Menschen. Es gibt keine Themen oder Bereiche, die nicht "religiös" wären. Nicht nur die rituellen Gebete zählen zu Gottesdiensten, sondern auch, wie man mit den Mitmenschen, mit der Natur, mit der Umwelt, mit der Tierwelt umgeht, wie man isst und andere alltäglichen Handlungen. Islam wird also verstanden als eine Lebensweise. Alles hat einen religiösen (theologischen) Kontext. Die strikte Trennung zwischen weltlichem und religiösem existiert im Islam nicht.

Religion spielt insgesamt für die Migranten in Deutschland eine wichtige Rolle. Vor allem in der Migrationssituation hat es eine besondere Stellung. Als die Gastarbeiter nach Deutschland kamen, suchten sie nach einem gemeinsamen Nenner, das sie alle miteinander verband. Und oftmals war dieser gemeinsame Nenner ihre Religion, der Islam. So entstanden in Deutschland schon in den ersten Jahren der Gastarbeiter hunderte von Hinterhofmoscheen. Obgleich diese Menschen in ihrer Heimat nicht so religiös waren, ließen sie diesen Teil in der Fremde aufrechterhalten.

Denn ihre Religion konnten sie nicht einfach so ablegen. Der Islam ist für viele Türken und Araber ein Bestandteil ihrer Identität. Es gehört zur Identität dazu und hat einen festen Bestandteil in ihrer Kultur.

Zudem bot es für die Fremden in der Diaspora eine Orientierung an. Die Gastarbeiter konnten sich an ihrer Religion orientieren und so "in der Fremde überleben". So wurden Moscheen für die erste Generation zu Inseln, die man nach der Arbeit aufsuchte und auf die man flüchten konnte.

71 Der Islam – Grundlagen

> Muslime sind keine Muhammedaner
> Allah = Gott (christliche Araber sagen ebenfalls Allah)
> Jesus ist ein Prophet im Islam
> Die 5 Säulen
> Freitagsgebet -> Identität

Früher wurden Muslime immer als Muhammedaner bezeichnet. Dies wurde von den Muslimen als Beleidigung empfunden, da sie nicht Muhammed anbeten, sondern Gott.

Allah heißt übersetzt nichts Anderes als "Gott". Auch christliche Araber sagen Allah. Dies ist für viele verwirrend, weil sie mit dem Begriff Allah automatisch Muslime verbinden.

Jesus gilt, ebenfalls wie Moses und Muhammed, als ein Prophet im Islam. Die Muslime glauben daran, dass Gott den Menschen, um sie rechtzuleiten, mehrere Propheten sandte, angefangen mit Adam bis hin zu Muhammed. Viele Propheten, die im Alten und Neuen Testament vorkommen, sind auch im Islam vorhanden: Adam, Abraham, Hiob, Noah, Jonas, Josef, Moses, Jesus.

Zudem sollte man zumindest die 5 Säulen des Islams kennen, wenn man sich mit der Thematik auseinandersetzen muss. Diese sind sozusagen die 5 wichtigsten Merkmale des Islams:

1. Glaubensbekenntnis: Muslime bezeugen, dass es nur einen Schöpfer gibt und dass Muhammed ein Prophet Gottes ist.

2. Beten: Muslime beten 5mal am Tag; morgens, mittags, nachmittags, abends und nachts. Die Gebetszeiten richten sich nach der Sonne und ändern sich daher täglich und örtlich. Bei diesen Gebeten dreht man sich Richtung der Kaaba, welches ein Gebäude in der Moschee in Mekka, Saudi-Arabien ist.

   Das Freitagsgebet ist übrigens identitätsstiftend für viele Muslime. Während manche z.B. die

noch wichtigeren 5mal täglichen Gebete nicht
verrichten, legen sie großen Wert darauf, dass
Freitagsgebet in der Moschee zu verrichten. Frei-
tags zeigt man, dass man zur Gemeinde gehört.
Es ist wie der Samstag in der Synagoge und der
Sonntag in der Kirche. So ist in einigen musli-
misch geprägten Ländern das Wochenende auf
Donnerstag, Freitag gelegt.

3. Fasten: Einmal im Jahr fasten die Muslime. Ge-
   fastet wird im Monat Ramadan. Dabei verzichtet
   man von der Morgendämmerung bis zum Son-
   nenuntergang u.a. auf Essen, Trinken,
   Geschlechtsverkehr, Rauchen.

Im Koran wird das Wort "saum" verwendet. Die
deutsche Übersetzung lautet eigentlich nicht "fasten" sondern "sich enthalten". Der Mensch soll
sich an diesen Tagen im Ramadan von bestimmten Sachen enthalten. Dieses sich enthalten, soll
ihn damit wieder regenerieren. Er soll dadurch zu
sich selbst finden. Daher bezeichne ich das "Fasten" als Ölwechsel für den Körper.

Der Muslim enthält sich in diesem Monat also
von verschiedenen Sachen. Daher ist das bekannte Verzichten auf Essen und Trinken nicht das
Ziel, sondern Mittel zum Zweck. Das eigentliche
Ziel der Enthaltsamkeit ist es, u.a. durch diesen
Rückzug sich selbst kennenzulernen, seine eigenen Schwächen wahrzunehmen und so des
allmächtigen und barmherzigen Schöpfers zu gedenken. All dies geschieht um Gottes Willen, um

dadurch wiederum Seine Zufriedenheit zu erlangen. Denn Fasten bedeutet, zu erkennen, dass man in Wahrheit einzig und allein von Gott abhängig ist.

Ausgenommen vom Fasten sind z.B. Kranke, Kinder, Reisende, Schwangere, Stillende.

4. Pilgerfahrt: Einmal im Leben pilgert jeder Muslim, wenn er gesundheitlich und finanziell dazu in der Lage ist, nach Mekka.

5. Zakat-Abgabe: Zakat wird üblicherweise als "Armensteuer", "Armenabgabe" oder "Almosensteuer" übersetzt. Da es Zakat in der christlichen Terminologie nicht gibt, ist jede Übersetzung unzureichend. Zakat bedeutet wortwörtlich "reinigen". Der Muslim geht davon aus, dass all sein Vermögen durch Gott gegeben wurde. Gott erschafft die Mittel (z.B. Arbeitsplatz, Gesundheit) und die Möglichkeiten und der Mensch bekommt sein Vermögen. Doch Einige bekommen mehr als sie brauchen. Gott prüft sie damit. Daher wird dieser Anteil "gereinigt". Dieser Anteil steht nämlich denen zu, die Weniger haben. Es ist ihr gutes Recht. Deshalb wird einmal im Jahr mindestens 2,5% des gesamten Vermögens an bedürftige Menschen gespendet. Das ist Zakat. Dadurch soll die Brücke zwischen Arm und Reich hergestellt werden. Weder sollen die Armen die Reihen beneiden noch die Reichen die Armen unterdrücken.

72 Religiöse Feiertage

> › Ramadanfest (Zuckerfest)
> › Opferfest

Es gibt zwei religiöse Feiertage im Islam.

Das erste ist das bekannteste: Das Ramadanfest. Unter Kindern besser bekannt als Zuckerfest. Der Name kommt daher, weil Kinder an diesem Fest von Haus zu Haus rennen und Süßigkeiten sammeln. Dies bekommen sie, in dem sie z.B. die Hände der Älteren küssen und ihre Stirn auf deren Hand legen. Ist man schon etwas älter, bekommt man keine Süßigkeiten mehr, sondern wird mit Geld belohnt.

Das Ramadanfest findet immer am Ende des Fastenmonats Ramadan statt. Ramadan ist also der Name des Monats. Dass sich dieser Monat immer um 10 / 11 Tage (je nach Schaltjahr) im gregorianischen Kalender verschiebt, hängt damit zusammen, dass sich der islamische Kalender nach dem Mond richtet. Und dieser hat nicht 365 Tage im Jahr, sondern 355 Tage. Daher kommt die Verschiebung.

Das Opferfest findet ca. 2,5 Monate nach dem Ramadanfest statt. Es findet am letzten Tag der Pilgerfahrt statt. Die Pilgerzeit ist also im Kalender festgelegt. An diesem Fest wird Fleisch an bedürftige Menschen verteilt.

Generell haben in Deutschland muslimische Schüler an beiden Tagen Schulfrei.

73 Religiöse Erziehung

› Keine Institution – Keine Taufe -> Glaubensbekenntnis
› Im frühkindlichen Alter Religion ein Thema
› Koranlernen in der Moschee
› Islamischer Religionsunterricht in der Schule?

Da es im Islam keine Institutionen gibt, gibt es auch keine Eingangsrituale wie Taufe. Der Einstieg in den Islam erfolgt, wie bereits erwähnt, nur durch die Verinnerlichung des Glaubensbekenntnisses, welches aussagt, dass man bezeugt, dass es einen Schöpfer gibt und dass Muhammed der letzte Prophet Gottes ist. In dem man dies mit dem Herzen bezeugt, ist man automatisch Muslim. Man muss sich hierfür nicht in der Moschee, im Rathaus oder sonst wo registrieren oder eintragen lassen.

Da es keine Rituale in der Moschee gibt und nur dieses Bekenntnis den Einstieg in den Islam bedeutet, wird den Kindern im frühkindlichen Alter von Gott erzählt, damit sie dies verinnerlichen. So kommt es vor, dass muslimische Kinder schon im früheren Alter von Gott und Religion Kenntnisse besitzen.

Im Schulalter werden dann in der Moschee Korankenntnisse angeeignet. Hier lernt man, den Koran in arabischer Sprache zu lesen, um z.B. die rituellen Gebete, die immer in arabischer Sprache sind, verrichten zu können.

Wichtig an dieser Stelle ist auch, zu erwähnen, dass es in einigen Bundesländern die Möglichkeit gibt, einen bekenntnisorientierten Islamischen Religionsunterricht an

"

Schulen zu erteilen. Dies hat den großen Vorteil, dass muslimische Schüler den Islam von authentischen Quellen erlernen und nicht willkürlich und fehlerhaft, z.B. durch das Internet. So entzieht man auch Extremisten den Boden.

74 Krankheit und Heilung

Ähnlich wie in der chinesischen Kultur, hat der Islam ein ganzheitliches Gesundheitsverständnis. Es steht immer der gesamte Mensch im Vordergrund und nicht nur bestimmte Körperteile (Şahinöz, 2018, S. 42ff). Viele Ärzte bestätigen dies, indem sie immer wieder betonen, dass z.B. Türken oder Araber nicht in der Lage sind, zu zeigen, an welchem Körperteil es ihnen tatsächlich weh tut.

Im islamischen Gesundheitsverständnis geht es um ein Gleichgewicht zwischen Körper, Seele und Soziales (Laabdallaoui, Rüschoff, 2005, S. 29ff). Der Krankheits- und Gesundheitsbegriff ist daher anders. Wenn jemand krank ist oder Schmerzen hat, dann steht nicht der Körperteil, der gerade schmerzt, im Vordergrund, sondern der gesamte Mensch samt Körper, Seele und Soziales.

Diese Betrachtungsweise wird auch im folgenden kurzen Gespräch zwischen einem muslimischen Patienten und einer Mitarbeiterin des Gesundheitsamtes deutlich: „'Frau Geiger, wissen Sie, was Gesundheit für uns Muslime ist?' Etwas irritiert antwortete ich: 'Nein'. 'Ich werde Ihnen sagen, was unsere Gesundheit ausmacht: Zur Gesundheit gehört, dass wir das Gebet – vorschriftsmäßig – durchführen, dass wir unsere Familie gut versorgen können, dass wir eine Begegnungsmöglichkeit für die Gemeinde haben, und dass wir einen wohnortnahen Platz zum Sterben wissen.'" (Ilkılıç, 2002, S. 15).

75 Krankheit

Laut dem Koran ist jemand krank, bei dem dieses Gleichgewicht gestört ist. Wenn also das Gleichgewicht zwischen Gott und dem Menschen (Seele), im Menschen selbst (Körper) und zwischen dem Menschen und seiner Umwelt (Soziales) gestört ist, wenn es in diesen drei Ebenen keine Harmonie gibt, gilt der Mensch als krank.

76 Heilung

Für eine Heilung der Krankheit ist es also notwendig, dieses Gleichgewicht wiederherzustellen. Deshalb sollte der Arzt / Psychologe / Berater bei muslimischen Patienten immer versuchen, alle drei Ebenen, also die körperliche, seelische und soziale Ebene zu betrachten. Denn sie stehen alle in einem engen Zusammenhang. Wenn also eine körperliche Krankheit herrscht, wird der Grund häufig auf der seelischen oder sozialen Ebene gesucht. Demnach kann die körperliche, die sichtbare Krankheit, nur die Folge der anderen Ebenen sein.

Diese Gedankengänge spielen sich im Unterbewusstsein ab. Sie kommen erst zum Ausdruck und zum Schein, wenn dies explizit angesprochen wird.

77 Gleichgewicht Körper

Die Ebene des Körpers wird im Islam auf verschiedene Art und Weisen geheilt oder therapiert. Zum einen gibt es die bekannten Gebote, wie z.B. Alkohol- und Schweinefleischverbot. Zum anderen sind das Fasten oder die tägliche rituelle Waschung vor den Gebeten andere Methoden.

78 Gleichgewicht Seele

Genauso wie der Magen hungrig wird und mit Nahrung gestillt wird, wird die Seele, laut dem Islam, ebenfalls hungrig. Für das Stillen der Seele sind die Gottesdienste, allen voran das 5mal tägliche Gebet, da. Durch das Gedenken an die ständige Gegenwart Gottes soll ein Gleichgewicht auf der seelischen Ebene zwischen Mensch und Gott hergestellt werden.

79 Gleichgewicht Soziales

› Ebene des Sozialen: soziales und ehrenamtliches Engagement, Schutz der Nächsten, Zakat, der friedliche Umgang miteinander bis hin zum Ziel einer gerechten Sozial- und Wirtschaftsordnung

Die Ebene des Sozialen wird im u.a. durch den Schutz der Nächsten aufrechterhalten. Beispiele hierfür gab es unter Gastfreundschaftlichkeit, Rolle der Senioren und der Nachbarschaftspflege. Es geht hier um ein soziales und ehrenamtliches Engagement und darum, eine harmonische Beziehung zwischen sich selbst und seiner Umgebung herzustellen. Dadurch kommt natürlich auch die große Beachtung des Umfeldes, was ebenfalls schon angesprochen wurde. Auch die Zakatabgabe (siehe die 5 Säulen des Islam) soll dieses Gleichgewicht wiederherstellen.

Durch solche Praktiken soll der friedliche Umgang miteinander hergestellt werden und somit eine gerechte Sozial- und Wirtschaftsordnung erreicht werden.

80 Gleichgewicht

› Wenn die Realität anders -> Gewissens- und Seelenprobleme; Identitätskonflikt

Die Praxis sieht natürlich nicht immer so aus, wie die Theorie. Wenn es eine Störung in einer dieser Ebenen gibt, gilt der Mensch als krank. Dies kann zu Gewissens- und Seelenproblemen bis hin zu Identitätskonflikten führen, wenn die Person zwar nach der Theorie leben möchte, aber dies nicht bewerkstelligen kann.

81 Kombination

Für die Heilung wenden Muslime verschiedene Methoden an. Bittgebete und Lesungen aus dem Koran sind gängig in muslimisch geprägten Krankenhäusern. Zur Heilung gehört aber natürlich nicht nur das bloße Lesen von Texten, sondern auch die Heranführung von Mitteln, nämlich der empirischen Wissenschaft.

Im Heilungsprozess greifen die Muslime daher auf eine Kombination von empirischer Wissenschaft und Theologie (Glaube). Einerseits wird der Koran gelesen und andererseits geht man zum Arzt. Man bittet Gott um Hilfe und gleichzeitig lernt man für die Matheprüfung. Dabei wird geglaubt, dass beide Methoden Mittel zum Zweck sind. Dass also letztendlich Gott der Heilende ist. Man weiß nur nicht, mit welchem Mittel eher gerade heilen wird. Der Prophet Muhammed sagte: „Oh Ihr Diener Gottes! Lasst euch (medizinisch) behandeln, denn Gott hat auf jeden Fall für jede Krankheit eine Heilung erschaffen."

Bei besonderen Anlässen werden verschiedene Gebete und Verse aus dem Koran gelesen. Das können die unterschiedlichsten Anlässe sein, wie z.B. Geburt, Tod, Krankheit oder Prüfungen in der Schule.

Gerade wenn man als Psychologe, Arzt oder Berater arbeitet, sollte man den Schicksalsbegriff des Islams im Auge betrachten. Dieser ist meistens ausschlaggebend in der Bewältigung oder eben in der Nicht-Bewältigung von Krisensituationen. Wie dieser Begriff inhaltlich gefüllt ist, wird später behandelt.

82 Behinderungen

> Körperliche und geistige Behinderungen von Geburt an -> kein Konflikt
> Förderbedarf -> großes Thema

Wenn eine körperliche oder geistige Behinderung von Geburt an vorliegt, wird dies weder theologisch noch kulturell geächtet. Denn eine solche Behinderung wird nicht als ein negatives Ergebnis der Eltern wahrgenommen.

Schwieriger wird es, wenn bei einem Kind in der Kindertagesstätte oder in der Schule Förderbedarf festgestellt wird. Dies wird, wie schon erwähnt, mit einem Misserfolg der Eltern verbunden und löst daher bei vielen Familien ein beschämendes Gefühl aus.

83 Volksglaube

> Volksfrömmigkeit und Aberglaube unter der ersten Generation der Muslime in Deutschland verbreitet

> Dies hat einen erheblichen Anteil an der psychischen Verfassung der Patienten

Viele den ersten Gastarbeiter waren keine Experten im Islam. Sie kannten ihre Religion nur aus dem Dorf. Nur die wesentlichen Prinzipien waren bekannt. Soziologisch betrachtet man dieses Verständnis als Volksislam.

Natürlich haben viele ihre Vorstellungen auch in der Diaspora beibehalten. So dass eine gewisse Volksfrömmigkeit herrscht. Paradebeispiel hierfür ist wohl das blaue Auge, aber dazu später mehr.

Aberglaube ist also verbreitet. Und dies hat einen erheblichen Anteil an der psychischen Verfassung der Patienten. Als gutes Beispiel könnte man dafür die Scheidung nehmen. Viele Klienten mit dieser Thematik glauben, dass jemand sie verflucht hat, damit sie sich scheiden lassen. Dies erschwert den Prozess der Hilfe immens, weil der Klient sowohl das Problem als auch die Lösung des Problems externalisiert. Der Klient befindet sich dadurch in einem Teufelskreis.

84 Falsches Verständnis vom Islam 1

Laut einem volksfrömmigen Verständnis des Islams hören Leiden, Schmerzen und Depressionen auf, wenn man eifrig genug die religiösen Riten praktiziert. Dass heißt, wenn man betet, müssten die Schmerzen aufhören. Ohne die Kombination mit der Medizin, die zuvor vorgestellt wurde.

Gleichzeitig kursiert der Glaube, dass gläubige Menschen, da sie auf Gott vertrauen, keine Depressionen bekommen können. Der Umkehrschluss ist fatal: Wer Depressionen hat, ist nicht gläubig genug oder Vertraut Gott zu wenig. In der Praxis sieht dies dann so aus, dass viele Menschen ihre Depression nicht wahrhaben wollen und es damit stillschweigend mit sich herumtragen.

Dieses falsche Verständnis vom Islam geht also insgesamt davon aus, dass Krankheiten nur eine Strafe Gottes sind, während im theologischen Sinne gesagt wird, dass Krankheiten, Sorgen und Leiden zur Prüfung auf Erden dazu gehören und dass es die Propheten selber waren, die die größten Leiden zu bewältigen hatten. Daher muss bei derartigem Verständnis zunächst einmal in die Tiefe gegangen werden, um Probleme lösen zu können.

85 Falsches Verständnis vom Islam 2

› Böser Blick, Geister (Dschinn), Flüche -> verschiedene Riten dagegen
› Falscher Schicksalsbegriff

Der Aberglaube, der innerhalb des Volksislams am meisten verbreitet ist, ist der "Böse Blick". Bevor die Türken den Islam annahmen, waren sie schamanistisch. Unter diesen gab es einen Brauch. Sie gingen davon aus, dass der böse Blick anderer Menschen einem Menschen Schaden anrichten kann und dass man alleine durch einen neidischen Blick einem anderen Menschen Leid antun kann. Daher versuchte man diese Blicke abzulenken, damit sie nicht den Menschen "treffen". Dies versuchte man durch das Tragen von verschiedenen Amuletten, in dem man den bösen Blick auf die Amulette lenkte. Das berühmteste dieser Amulette war eben das blaue Auge. Dies setzte sich kulturell durch, so dass es sehr weit verbreitet ist. Besonders neugeborenen Kindern hängt man das blaue Auge aufs Kleid um die bösen und neidischen Blicke ablenken zu können. Übrigens ist dieser Brauch auch in anderen Kulturen, wie z.B. in Teilen Russlands, weit verbreitet.

Ein weiteres falsches Verständnis vom Islam ist es, an die Kraft und den Einfluss von Geistern (im Koran Dschinn genannt) zu glauben. Laut dem Koran hat Gott zwei Wesen auf Erden erschaffen, um sie zu prüfen. Die Menschen und die Geistwesen. Obwohl nun diese beiden Wesen laut dem Islam unabhängig voneinander geprüft werden, herrscht jedoch im volksgläubigen Denken der Glaube, dass diese Geister eine gewisse Macht über die Menschen haben und dass sie dem Menschen Schaden anrichten können. Einer Person, die glaubt, von diesen Geistern besessen zu sein (ähnlich wie beim Exorzismus), kann demnach nicht die moderne Medizin helfen, sondern nur ein Heiler (Personen, die mit islamfernen Ritualen psychische Krankheiten zu heilen oder Konflikte zu lösen versuchen), der in der Lage ist, mit diesen Geistern zu kommunizieren oder sie zu verscheuchen. Es könnte z.B. sein, dass eine Person denkt, dass sie nur krank ist, weil sie von Geistern heimgesucht wurde. In so einem Fall ist es für einen nichtmuslimischen Arzt fast schier unmöglich, dem Patienten zu helfen, da der Patient davon ausgeht, dass ihm der Arzt gar nicht langfristig helfen kann. In solchen Fällen sollte man mit muslimischen Multiplikatoren zusammenarbeiten.

Eine dritte weitverbreitete Volksgläubigkeit sind Flüche. Auch der Fluch selbst hat, wie Geister und zum Teil der böse Blick auch, seinen Ursprung im Koran. Jedoch hat auch hier eine Modifikation im Volksglauben stattgefunden. Dem Fluch wird im Volksislam eine immense Kraft gegeben, wovon man sich nur mit bestimmten Ritualen befreien könne. In bestimmten Fällen, wie z.B. schon erwähnt bei der Scheidung, geht man oft davon aus, dass der Auslöser ein Fluch ist. Da auch hier die Problemlösung externalisiert wird, glaubt jemand, der sich verflucht fühlt, dass er das Problem gar nicht lösen kann, auch wenn er sich noch so anstrengt. Auch hier glaubt man, dass nur ein Heiler, der sich mit Flüchen auskennt, das Problem lösen kann. Nur mit verschiedenen Riten und Praktiken, die auch wieder an die Praktiken des Fluchs selbst erinnern, könnten den Fluch beseitigen. Auch hier empfiehlt sich, wie bei den Geistern, mit einem muslimischen Berater zusammenzuarbeiten. Der Berater kann den Fluchbegriff aufarbeiten und falsche Verständnisse beheben und so den Weg für eine Besserung und Therapie freimachen.

Der Schicksalsbegriff im Islam und wie es interpretiert wird, ist ausschlaggebend für die psychische Verfassung eines Patienten / Klienten. Theologisch betrachtet gibt es keine Vorherbestimmung des Willens des Menschen durch Gott. Der Mensch selbst bestimmt sein Leben und kann auch nur deshalb zur Rechenschaft gezogen werden. Wenn es Gott vorherbestimmen würde, wäre der Mensch für seine Handlungen nicht verantwortlich. Doch gerade dies ist im Volksislam sehr weit verbreitet. Es wird geglaubt, dass das Leben und die Entscheidungen der Menschen vorherbestimmt sind, und dass Gott entscheidet, was passieren wird. Durch diese Denkweise kann es zu Aussagen kommen, wie z.B. „Was kann ich denn für meine Kriminalität?", „Mein Schicksal ist schuld" oder „Es ist mein Schicksal, hier im Gefängnis zu sitzen". Hier kann es recht schnell kompliziert werden, weil das eigene Schicksal externalisiert wird und man sie selbst nicht verändern kann. Dann ist auch jegliche Anstrengung – aus Sicht des Betroffenen – nicht notwendig. Auch in solchen Situationen bietet es sich an, mit muslimischen Beratern zu arbeiten, die den Schicksalsbegriff im Islam aufarbeiten können. Denn die meisten dieser Personen sind sich nicht bewusst, dass ihr Denken des Schicksals konträr zu ihrer eigenen Religion steht. Denn im Islam gibt es eher eine Vorhersehung Gottes. Da Gott nicht an Zeit und Raum gebunden ist, sieht er vorher, welche Handlungen der Mensch ausüben wird. Aber es ist nicht Gott, der diese Handlungen ausführen lässt. Dies macht der Mensch. Der Mensch

entscheidet sich selbst. Erst deshalb kann er auch später
zur Rechenschaft gezogen werden.

86 Krankenhaus – Besuche

> Die ganze Verwandtschaft kommt zu Besuch –> könnte Nichtmuslime stören, da kleines Zimmer
> Besuch kommt gleichzeitig in Gruppen
> Besuch des Kranken ist Gottesdienst
> Wer nicht kommt –> soziale Störung
> Krankenbesuch als Gottesdienst

Wenn man von Krankheit und Heilung spricht, muss man natürlich auch von Krankenhausaufenthalten sprechen.

Viele Nichtmuslime wundern sich, warum muslimische Patienten rund um die Uhr so viele Besucher haben. Mit Blick auf den Familienbegriff und den Einfluss des Umfeldes sollte dies nun verständlich sein.

Meistens kommen die Besucher in Gruppen und nicht einzeln. Freunde oder Familien kommen dann gemeinsam ins Krankenhaus.

Der Besuch des Kranken wird als eine familiäre und freundschaftliche Pflicht gesehen. Wenn ein enger Bekannter dieser Pflicht nicht nachgeht, kann es zu sozialen Störungen in der Beziehung kommen.

Zudem wird der Besuch eines Kranken als Gottesdienst angesehen. Der Prophet Muhammed bezeichnete den Krankenbesuch als Pflicht des Gläubigen gegenüber einem anderen Gläubigen. Also ist es das Recht des Kranken, von seinen Glaubensgeschwistern besucht zu werden. Es ist eine individuelle sowie gemeinschaftliche Pflicht und ist ein Akt der Geschwisterlichkeit. Der

Prophet besuchte kranke Menschen, unabhängig von ihrer Religion und sagte: „Wer immer einen Kranken besucht, der taucht in die Barmherzigkeit Gottes ein." An anderer Stelle heißt es: „Bitte den Kranken beim Krankenbesuch um sein Bittgebet, denn es ist wie das Bittgebet eines Engels" oder „Wenn ihr einen Kranken besucht, beruhigt ihn, indem ihr ihm Gesundheit und ein langes Leben wünscht. Dies wird sein Herz erfreuen."

Auf Grund dieses Verständnisses werden Krankenbesuche, sowohl im Krankenhaus, als auch später zu Hause, ausgiebig durchgeführt. Einige Moscheevereine richten zudem Krankenbesuchsdienste ein.

87 Krankenhaus – Speisen

> Falsche Speise

> Beachtung von Zutaten

> Essen wird von zu Hause aus mitgebracht

Die meisten Krankenhäuser in Deutschland bieten spezielle Speisen für Muslime an, im hektischen Krankenhausalltag kann es jedoch gelegentlich vorkommen, dass das falsche Essen auf dem Teller liegt: Dies kann für viele eine halbe Katastrophe bedeuten und zu einem Gesamtmisstrauen führen. Daher sollte man hier besonders darauf achten, dass es zu keinen Fehlern kommt. Das gleiche gilt natürlich auch bei Vegetariern, Veganern, Buddhisten, Juden oder anderen Patienten, die ebenfalls auf bestimmte Nahrungen verzichten.

Auch sollte die Krankenhausküche auf die Zutatenliste der Produkte achten. Wenn ein Joghurt oder Kuchen mit tierischen Inhalten auf dem Teller des Patienten landet, kann dies ebenfalls zu Irritationen führen.

Öfters bringen jedoch auch die Besucher für die Patienten Essen von zu Hause mit. Falls dies aus gesundheitlichen Gründen des Patienten schädlich sein sollte, sollte man dies mit den Besuchern absprechen.

88 Krankenhaus – Fasten

> Wenn eine regelmäßige Einnahme einer Medizin auch am Tage erforderlich ist, kann sie genommen werden
> Kein Fasten, wenn es der Gesundheit schadet

Wie bereits erwähnt, fasten die Muslime im Monat Ramadan. Ausgenommen sind davon Menschen, die gesundheitlich nicht dazu in der Lage sind. Wenn also eine Medizin eingenommen werden muss, können die Muslime das Fasten an einem anderen Tag nachholen.

89 Krankenhaus – Medikamente

> Bei Ausnahmen und wenn es keine Alternative gibt, können Medikamente, die z.B. Alkohol enthalten, eingenommen werden
> Eine wichtige islamische Regel lautet: Der Mensch darf nichts tun, was ihm schadet

Da Muslime keinen Alkohol trinken, verzichten sie auch auf Medikamente, die Alkohol beinhalten. Daher sollten Ärzte immer auf Alternativen zurückgreifen. Inzwischen gibt es für fast jedes Medikament eine Alternative ohne Alkohol, vor allem auf Grund der Alkoholiker.

Wenn es jedoch keine Alternativen gibt, ist es dem Muslim gestattet, eine Medizin mit alkoholischem Inhalt zu nehmen. Denn, wie schon erwähnt, stehen das Leben und die Gesundheit im Vordergrund.

90 Krankenhaus – Das Gebet

> Gebetsraum?
> Vorher eine Waschung
> Gebetszeit
> Sauberer und ruhiger Ort
> Richtung Mekka (in Deutschland ungefähr Südosten)
> Bettlägerige Kranke können das Gebet ohne die körperlichen Bewegungen verrichten, auch liegend

Eins der größten Sorgen von muslimischen Patienten ist es, ob sie während des Krankenhausaufenthaltes ihren religiösen Pflichten nachkommen können. Hier ist das rituelle Gebet, welches 5mal täglich stattfindet, die wichtigste Pflicht (siehe die 5 Säulen des Islam).

Inzwischen gibt es viele Krankenhäuser in Deutschland, die einen Gebetsraum für Muslime eingerichtet haben. Wenn kein spezieller Gebetsraum zur Verfügung steht, kann das Gebet trotzdem verrichtet werden. Es sind dafür keine großen Umstände nötig.

Der Betende müsste vor dem Beten eine rituelle Waschung vornehmen, welches an einem gewöhnlichen Waschbecken durchgeführt werden kann.

Das Gebet selbst findet zu bestimmten Zeiten statt. Hier ist jedoch eine Flexibilität vorhanden. Meistens hat man mehrere Stunden Zeit, innerhalb dieser das Gebet zu verrichten.

Der Ort, an dem gebetet wird, sollte sauber sein, da sich der Betende auf den Boden kniet. Wenn möglich, sollte es ein ruhiger Ort sein, damit der Betende sich auf das Gebet und damit die Kommunikation mit Gott konzentrieren kann.

Beim Beten richtet sich der Betende Richtung Mekka, welches in Deutschland ungefähr im Südosten liegt. Ein Gebet dauert in der Regel 5-10 Minuten.

Falls man bettlägerig ist, kann das Gebet auch im Sitzen oder Liegen im Bett verrichtet werden. Auch die rituelle Waschung kann bei Beeinträchtigungen leichter vollzogen werden.

Es gibt also genug Alternativen und Möglichkeiten, dass Gebet verrichten zu können. Wenn das Gebet nicht verrichtet wird, kann dies für einen Patienten, der sonst immer betet, auch psychische Auswirkungen und damit auch auf den Gesamtgesundheitszustand haben.

91 Krankenhaus – Kleidung

› Bekleidungsvorschrift für Männer und Frauen

› Ausgeprägtes Schamgefühl

› Man sollte das Ablegen der Kleidung immer auf das für Untersuchung und Behandlung unbedingt erforderliche Minimum begrenzen

Im Islam gibt es Bekleidungsvorschriften sowohl für Männer als auch für Frauen. Während Frauen u.a. auch ihren Kopf bedecken, gilt die Bedeckungsvorschrift bei Männern vom Knie bis zum Bauchnabel. Wie die Bedeckung dann letztendlich tatsächlich aussieht, ist kulturell sehr unterschiedlich.

Zudem gibt es kulturell meist ein ausgeprägtes Schamgefühl. Daher sollte man das Ablegen der Kleidung immer auf das für Untersuchung und Behandlung unbedingt erforderliches Minimum begrenzen.

92 Krankenhaus – Behandlung

› Behandlung der Frauen durch Männer oder umgekehrt kann bei geschlechtsspezifischen Krankheiten ein Problem werden

Obwohl es für die Behandlung der Frauen durch Männer und umgekehrt theologisch keine Bedenken gibt, ist es kulturell jedoch manchmal bei geschlechtsspezifischen Krankheiten ein Problem. Wenn es daher Alternativen gibt, macht es Sinn auf gleichgeschlechtliche Ärzte zu setzen.

93 Krankenhaus – Sprache

Ein weiteres Problem ist die Sprache. Falls Übersetzer oder Dolmetscher eingesetzt werden, die sich in der medizinischen Sprache nicht auskennen, können Schmerzen oder Leiden wohlmöglich nur bedingt wiedergegeben werden.

94 Geburt

Wie schon beim gewöhnlichen Krankenhausaufenthalt kommt auch zur Geburt viel Besuch. In diesem Fall kommen auch Verwandte von sehr weiter Entfernung.

Die Besucher hinterlassen dem Neugeborenen verschiedene Geschenke. Meistens in Form von Geld oder Gold.

Der Gebetsruf, welches normalerweise vor den rituellen Gebeten ausgerufen wird, wird dem Neugeborenen still und leise ins Ohr gelesen.

Wie bei den Juden auch, werden die männlichen Kinder beschnitten. Dies gehört zur Tradition der Propheten.

Taufe oder ähnliche Rituale gibt es, wie bereits erwähnt, im Islam nicht.

95 Wochenbett

> › Verbringt die ersten 40 Tage zu Hause
> › Die Frau wird verwöhnt

In vielen Teilen der türkischen Kultur ist es noch verbreitet, dass die Frau und der Neugeborene die ersten 40 Tage zu Hause verbringen. Während dieser Zeit wird die Frau von den Verwandten versorgt und verwöhnt. Man versucht ihr so viel Arbeit wie möglich abzunehmen.

96 Umgang mit Säuglingen

> › Das blaue Auge als Schutz vor Neid und Bösem Blick
> › Unter dem Kissen liegt Geld -> Tradition

Als Schutz vor Neid und bösen Blicken wird den Kindern ein blaues Auge umgehängt (siehe Falsches Verständnis vom Islam). Dies soll die bösen Blicke auf das Auge lenken und dadurch das Kind bewahren. Obwohl diese Art von Aberglauben im Islam verpönt ist, ist es weiterhin gängige Praxis innerhalb der Kultur.

Eine andere weitverbreitete Tradition ist es, dass unter den Kissen des Säuglings Geld gelegt wird. Dies soll ein Geschenk für den Neugeborenen sein.

97 Sterbebett - Seelsorge

> › Vorbereitung eines Schwerstkranken auf den Tod nimmt in der islamischen Lehre einen großen Raum ein
> › Vergebung und Beseitigung aller Schulden
> › Abschiednehmen vor dem Sterben
> › Man lässt den Kranken nie alleine
> › Gibt ihm immer wieder zu trinken
> › Glaubensbekenntnis
> › Koranlesungen

Im Islam gibt es keine institutionalisierte Seelsorge. Die Seelsorge oder spirituelle Pflege, übernimmt die gesamte Familie (vgl. Şahinöz, 2018).

Dabei wird z.B. auf die Vorbereitung eines Schwerstkranken auf den Tod sehr viel Wert gelegt. Man bittet Gott um Vergebung für den Kranken und versucht seine Schulden zu beseitigen.

Der Kranke wird niemals alleine gelassen. Die gesamte Familie versucht anwesend zu sein und ihn trotz der schwierigen Lage zu motivieren. Man nimmt somit ein letztes Mal Abschied.

Man gibt dem Kranken dabei immer wieder etwas zu trinken und spricht das Glaubensbekenntnis. Der Kranke versucht diese zu wiederholen.

Zudem wird der Koran im gleichen Raum laut gelesen, so, dass es der Kranke auch hören kann.

98 Der Tod

> Tod als Beginn des "echten" Lebens
> Als Tür zur Unsterblichkeit
> Als Raumwechsel
> Friedhöfe mitten im Leben

Der Tod selbst wird nicht als etwas Negatives verstanden, sondern als eine Art Erlösung. Es ist laut dem Islam der Beginn des "echten", unendlichen Lebens im Jenseits.

Es ist daher keine Vernichtung, kein Ende, kein Abschied für immer, keine unendliche Trennung, sondern eine Tür zur Unsterblichkeit.

Theologisch wird dies verglichen mit einem Raumwechsel. Mit dem Tod wechselt man nur die Räumlichkeit und lebt in einer anderen Dimension weiter.

So sind auch Friedhöfe in muslimisch geprägten Ländern mitten im sozialen Leben, neben Wohnungen, Spielplätzen, direkt neben dem Garten etc. Sie sind nicht abgegrenzt und sind Teil des Alltags.

99 Beerdigung 1

> › Gesicht des verstorbenen Muslims wird direkt nach Todeseintritt nach Mekka – also südöstlich – gewandt
> › Rituelle Waschung wird durchgeführt
> › Totengebet
> › Beerdigung findet sofort statt
> › Alle Nachbarn und Bekannten besuchen direkt die Wohnung des Verstorbenen
> › Essen und Getränke werden für die Besucher ausgegeben
> › Koran wird für den Toten gelesen

Das Gesicht des verstorbenen wird direkt nach Todeseintritt nach Mekka gewandt (so auch später bei der Beerdigung).

Beim Verstorbenen wird zunächst eine Ganzkörperwaschung durchgeführt. Danach können sich Verwandte von ihm verabschieden. In der Moschee folgt dann ein Totengebet.

Die Beerdigung findet so schnell wie möglich statt. Der Leichnam wird nicht tagelang stehen gelassen.

Verwandte, Freunde, Nachbarn etc. besuchen nach dem Todesfall die Wohnung des Verstorbenen um den Hinterbliebenen Beileid zu wünschen.

Die Hinterbliebenen wiederum bieten den vielen Besucher, die meistens noch wochenlang kommen, Essen und Getränke an.

In der Wohnung des Verstorbenen wird für ihn Koran gelesen. Dadurch erhofft man ihm den Segen Gottes.

100 Beerdigung 2

> Regelmäßige Grabbesuche
> Gebetet wird für alle Verstorbenen

Traditionell besuchen die Familien regelmäßig die Grabstätte der Verstorbenen. Dabei wird sowohl für die eigenen Verstorbenen, aber auch für alle Verstorbenen gebetet. So stehen auf vielen Grabstätten der Muslime auch verschiedene Gebete oder die Erinnerung, für die Verstorbenen zu beten.

101 Beratung – Die Beratungsstelle 1

Probleme:

› Nicht hinreichend auf andere Kulturen sensibilisiert
› Kultur des Klienten wird zu wenig gekannt
› Wertemaßstäbe sind nicht bekannt

Je mehr gemeinsame Nenner Klient und Berater haben, desto effektiver und positiver kann eine Beratung verlaufen. Um es einmal salopp zu formulieren, einen Volksmusik liebenden, bayrischen Fußballfan wird wohlmöglich am besten ein Volksmusik liebender, bayrischer Fußballfan verstehen, weil dieser sich in dessen Situation einigermaßen hineinversetzen kann.

Daher kann es in der Arbeit mit Migranten nützlich sein, Ansprechpartner aus dem gleichen Kulturraum zu haben. Öfters ist dies in den Beratungsstellen aber nicht der Fall, so dass verschiedene Probleme entstehen können.

Zunächst einmal sind Mitarbeiter von Beratungsstellen öfters nicht hinreichend auf andere Kulturen sensibilisiert. Nur die wenigsten kennen sich in Migratenproblematiken aus und können zusammen mit dem Klienten Lösungswege herausarbeiten.

Des Weiteren besteht eine gewisse Zugangsbarriere. Der Zugang zu fremden Kulturen ist ohnehin schwer genug, wenn dann auch noch beraten werden soll, ohne die Kulturen hinreichend zu kennen, wird es wesentlich schwieriger. Wenn z.B. ein türkischer oder arabischer Klient Angst davor hat, dass sein Umfeld von seinem

Problem erfährt, nützt es nichts, wenn der Berater sagt: „Ist doch egal, was Andere denken!" Es kümmert den türkischen und arabischen Migranten eben doch, was der Nachbar denkt, weil er selbst in dem System denkt und lebt. Daher müssen hier andere Lösungswege gefunden werden.

Um diese aber anbieten zu können, müssen die Wertemaßstäbe der anderen Kulturen gekannt werden. Und dies kann bei den unterschiedlichsten Kulturen, die wir in Deutschland haben, für einen einzelnen Berater recht schwierig sein.

102 Beratung – Die Beratungsstelle 2

> Multikulturelles Team
> Sensibilisierung der Berater durch Trainings, Workshops oder Seminare
> Kooperation und Vernetzung mit Migrantenorganisationen
> Öffentlichkeitsarbeit (muttersprachliche Zeitungen)
> Angebote müssen niedrigschwellig sein

Daher bietet es sich an, ein multikulturelles Team aufzustellen. Beratungsstellen sollten versuchen, Personen einzustellen, die zu den Kulturkreisen ihrer Klienten gehören. Somit hätte man größere Erfolge.

Man kann auch das eigene Team durch Seminare, Fortbildungen oder Workshops sensibilisieren. Interkulturelle Trainings oder Seminare im Bereich der interkulturellen

Öffnung können dabei helfen, wichtige Zugangs- und Verständnisinformationen zu sammeln.

Auch scheint es sinnvoll, sich mit Migrantenorganisationen zu vernetzen. Eine Zusammenarbeit mit den ortsansässigen Vereinen kann positive Früchte mit sich bringen und viel Zeit und Aufwand ersparen.

Hat man sich auf Migranten spezialisiert, sollte man dies mit einer Öffentlichkeitsarbeit bekannt machen. Evtl. sollte man gute Beispiele hervorheben und so die Migranten in die Beratungsstellen gewinnen. Denn viele Migranten wissen nicht, dass es auch Berater aus ihren eigenen Kulturkreisen gibt, die gerne weiterhelfen und die man in Anspruch nehmen kann. Vergessen sollte dabei nicht, dass viele Migranten, wie schon erwähnt, Zeitungen in ihrer Muttersprache lesen. Daher sollte man auch muttersprachliche Zeitungen ansprechen.

Um den Zugang zu erleichtern, sollten die Angebote generell niedrigschwellig gehalten werden. Nur so kann gewährleistet werden, dass man die Zielgruppe auch wirklich erreicht.

103 Beratung – Der Klient 1

Probleme:
> Sprachdefizite
> Misstrauen in Berater aus anderen Kulturen (verstehen Problem nicht und haben daher keine Lösungswege)
> Misstrauen gegenüber Behörden

Auch die türkischen und arabischen Klienten haben ihre eigenen Bedenken, wenn es um Beratungsangebote geht. Zunächst ist da sicherlich das Sprachdefizit, falls in der Beratungsstelle kein Berater vorhanden ist, der die Muttersprache des Klienten spricht. In so einem Fall kommen Migranten, die kein Deutsch sprechen, erst gar nicht.

Des Weiteren gibt es öfters ein Misstrauen in Berater, die nicht aus dem gleichen Kulturkreis kommen. Man geht davon aus, dass sie die eigenen Probleme nicht verstehen und daher nicht weiterhelfen können. Wenn man dann doch den Weg zum Berater findet, ist es dann oftmals so, dass nur die Themen angesprochen werden, von denen man glaubt, dass der Berater sie verstehen kann. Dass heißt, Themen wie böser Blick, Flüche oder Geister würde man einem Berater aus einem andern Kulturkreis nur selten anvertrauen.

Ein anderes Problem ist das generelle Misstrauen gegenüber Behörden – nicht nur bei türkischen und arabischen Klienten, sondern z.B. auch bei polnischen, bulgarischen oder rumänischen Klienten kann man das gleiche Misstrauen beobachten. Aus der eigenen Heimat kennt man es so, dass man den Behörden von Grund aus erst einmal nicht vertraut. Da auch Beratungsstellen häufig als "staatliche Behörden" begriffen werden, sollten Berater stets darauf hinweisen, dass keine Informationen an Behörden oder sonstige Einrichtungen weitergeleitet werden. Auch wenn eine Vernetzung zwischen Behörde und Beratungsstelle sowieso keinen Sinn macht, sollte man dies explizit sagen. So können bestimmte Ängste von vornherein beseitigt werden.

104 Beratung – Der Klient 2

Eine weitere Hemmung stellen die Beratungsstellen allgemein dar. In vielen der Herkunftsländer, aus denen die Migranten in Deutschland kommen, sind Beratungsangebote unbekannt. Auch in der Türkei sind Beratungsstellen für Krisensituationen eine recht neue Erscheinung. Dadurch kommen natürlich verschiedene Bedenken, da man sich nicht vorstellen kann, was diese Einrichtungen überhaupt machen.

Auch die Rolle des Beraters ist unbekannt. Der Berater wird bei den meisten türkischen und arabischen Migranten als "Ersatzpsychologe" aufgefasst. Da es in Deutschland nicht überall Psychologen gibt, die die türkische oder arabische Sprache beherrschen, werden Berater öfters als Alternative aufgesucht. Dementsprechend sind natürlich auch die Erwartungshaltungen. Es wird vom Berater eine Leistung erwartet, die er meistens gar nicht erbringen kann. Dadurch kann der Berater auch als inkompetent bewertet werden.

Unabhängig von der Migrantenproblematik, sind Beratungsangebote oftmals mittelschichtorientiert. Dies bereitet natürlich Klienten aus der Unterschicht erhebliche Probleme. Migranten sind dann doppelt belastet, erstens als Migranten, zweitens weil sie öfters aus der Unterschicht kommen.

105 Therapieunterschiede 1

> Therapie unter Berücksichtigung des subjektiven Bezugssystems
> Gemeinschaft statt Individualität; Familiensystem
> Ganzheitliches Gesundheitsverständnis

Zu einer erfolgreichen Therapie gehört es, dass das subjektive Bezugssystem des Klienten berücksichtigt wird. Wie ersichtlich wurde, spielen die Systeme Familie und Umfeld eine wichtige Rolle bei türkischen und arabischen Familien. Menschen aus diesen Kulturen handeln eher gemeinschaftlich und kollektivistisch als individuell. Daher ist es wichtig, auch diese immer im Blick zu haben.

Welche Bedeutung das ganzheitliche Gesundheitsverständnis spielt, wurde schon erwähnt. Dies sollte man bei einer Therapie im Hinterkopf behalten.

106 Therapieunterschiede 2

Häufig sind Klienten aus diesen Kulturkreisen externalisierend ausgerichtet. Dass heißt, die Ursachen von Problemen werden häufig in externen Faktoren gesucht. Dabei kann es dann vorkommen, dass die Ursache in der Bestrafung Gottes, bösen Geistern oder Flüchen gesucht wird. Besonders Scheidungen werden, wie bereits erwähnt, auf Flüche zurückgeführt.

Zudem ist die Erwartung an einen Therapeuten eine ganz andere, als man es im westeuropäischen Kontext kennt. Der Therapeut hat hauptsächlich die Aufgabe, den Lösungsweg durch Selbstreflexion des Klienten zu erarbeiten. Dies ist für die türkischen und arabischen Migranten jedoch nicht ausreihend. Vielmehr wird erwartet, dass der Therapeut die Lösungen vorgibt und sie sich als Klienten daran halten. Der Therapeut muss also die Lösungen finden. Er ist dazu "beauftragt", er muss die Lösung haben. Vom Therapeuten wird also eine "Medizin" erwartet, die der Klient nur schlucken muss. Wenn er diese nicht hat und stattdessen auf die Potenziale des Klienten vertraut und ihn zur Autonomie oder Eigeninitiative motiviert oder eine Lösung gemeinsam mit dem Klienten erarbeitet, werden seine Kompetenzen in Frage gestellt. Oft muss der Therapeut daher direktiver werden und auch klare Ansagen machen, damit z.B. ein Veränderungsprozess eintritt. Dies ist sicherlich eine fremde Methode für den westeuropäisch-gelernten Therapeuten, ist aber in einem gewissen Rahmen notwendig, um die Zielgruppe zu erreichen und Therapieerfolge zu erzielen.

Nicht immer macht es Sinn einen gleichgeschlechtlichen Berater zu haben, wie vielleicht angenommen wird. Dies hängt öfters mit dem Alter oder mit anderen Einstellungen ab. Oft kommt es nämlich auch vor, dass angehörige Frauen lieber einen männlichen Berater wollen, um zu verstehen, wie ein Mann "tickt". Ausnahme bilden, wie bereits erwähnt, geschlechtsspezifische Themen, für die dann öfters ein Berater mit dem gleichen Geschlecht bevorzugt wird.

107 Spezielle Probleme bei Migranten

> Gesundheitszustand oft schlechter
> Häufig psychische Probleme
> Wohnsituation oft schlechter
> Durchschnittseinkommen liegt deutlich unter dem deutschen Durchschnitt
> Rückkehrgedanken
> Es wird geglaubt, dass die Kinder / Familie Hilfeleistung erbringen werden
> Keine Vorstellung darüber, wie Senioren in Deutschland leben

Zudem gibt es bestimmte spezielle Probleme, die man bei türkischen und arabischen Migranten beachten muss. Ihr Gesundheitszustand ist oft schlechter. Da die meisten

Gastarbeiter unter harten Bedingungen und schwierigen Umständen arbeiten mussten, sind sie körperlich anfälliger auf Krankheiten.

Hinzu kommt noch, dass wegen ihrer Migrationssituation psychische Probleme häufiger auftreten. Diese können länger bestehen bleiben, da, wie schon erwähnt, selten professionelle Hilfe aufgesucht wird oder das Problem gar nicht wahrgenommen wird.

Die Wohnsituation ist hinsichtlich Größe und Qualität der Wohnungen schlechter als der Durchschnitt. U.a. natürlich auch, weil das Durchschnittseinkommen deutlich unter dem Gesamtdurchschnitt liegt.

Auch nach 50 Jahren sind Rückkehrgedanken weiterhin vorhanden. Viele türkische Migranten aus der ersten Generation haben weiterhin die Vorstellung, dass sie irgendwann einmal für immer in die Türkei zurückkehren werden. Auch wenn der Anteil der Rückkehrer in den letzten Jahren gestiegen ist, ist dies eine marginale Gruppe. Vor allem die dritte und vierte Generation der Türken sieht Deutschland als ihr Heimatland an. Für diese käme es nicht in Frage, für immer in die Türkei zu ziehen.

Hilfeleistungen werden wenig in Anspruch genommen, weil man davon ausgeht, dass die eigenen Kinder oder die eigene Familie Hilfe leisten werden, wenn man es einmal braucht. Dieser Brauch ist in den türkischen und arabischen Gesellschaften sehr verbreitet. So erhoffen sich z.B. viele Senioren, dass ihre Kinder sie im Alter begleiten werden.

Viele türkische Rentner verbringen die Hälfte des Jahres in der Türkei. Die andere Hälfte des Jahres sind sie in Deutschland. Viele Senioren haben kein Bild davon, wie es ist, in Deutschland alt zu werden. Wie schon bereits erwähnt, gibt es Angebote für ältere Menschen öfters nur in Seniorendiensten oder in Altenheimen. Dies ist für die türkischen Senioren völlig unverständlich. Das sind sie aus ihrer Heimat nicht gewohnt. Das Lebensumfeld für Senioren ist in der Türkei anders als in Deutschland. Es gibt keine speziellen Angebote an speziellen Orten für Senioren - übrigens auch nicht für Jugendliche -, sondern Alt und Jung sind Teil des Alltags. Daher gibt es für den türkischen Rentner oder Senior in Deutschland öfters nur zwei Orte, an denen er sich im Alter aufhalten kann: Entweder in der Moschee oder im türkischen Café, welche aber öfters keine Cafés sind, sondern eher illegale "kleine Casinos".

Diese speziellen Probleme sollte man im Hinterkopf behalten, wenn man türkische und arabische Klienten hat.

108 Fragestellungen

> › Lehrer, Ärzte, Richter, Polizisten haben (fast) immer recht
> › Fragestellungen sind anders (Fragen eines Jüngeren ohne Expertenwissen, der das Wissen eines Älteren in Frage stellt, sind beleidigend)
> › „Ich habe keinen Bart, also hört man mir nicht zu."

Ein Berater sollte zudem wissen, dass Fragestellungen in diesen Kulturkreisen anders sind, als man es hier im

Abendland kennt. In der türkischen und arabischen Gesellschaft haben Lehrer, Ärzte, Richter oder Polizisten (fast) immer recht. Dass heißt, man unterstellt ihnen, dass sie "es besser wissen" müssen. Daher ist eine bestimmte Respekthaltung gegenüber diesen Rollen vorhanden.

Auch stellt man Fragen anders. Es gibt ein bestimmtes Höflichkeitsprinzip dafür. Fragen, z.B. eines Jüngeren ohne Expertenwissen, der das Wissen eines Älteren in Frage stellt, werden als Beleidigungen angesehen. Deshalb ist das türkische Sprichwort, „Ich habe keinen Bart, also hört man mir nicht zu" weitverbreitet. Symbolisiert wird damit, dass nicht Derjenige recht hat, der sich in einer Thematik auskennt, sondern Derjenige, der älter ist.

109 Beratung – Inhaltliche Gestaltung 1

> Keine Übersetzung
> Verständliche Sprache
> Einfache Beispiele (klar, eindeutig und verständlich)
> Redewendungen vermeiden (in jeder Kultur anders);
> Eindeutige Metaphern verwenden
> Berücksichtigung der Biographie, der kulturellen Wurzeln und der Migrationsgeschichte
> Hausbesuche oder Termine im sozialen Umfeld

Wenn man auf die inhaltliche Gestaltung eines Beratungsgespräches mit türkischen und arabischen Klienten achtet, sollte die Effektivität noch größer werden. Dabei sollte auf verständliche Sprache zurückgegriffen werden.

134

Es sollten Wörter verwendet werden, die im Sprachgebrauch der Klientel vorhanden sind. Auch die Beispiele müssen dementsprechend sein. Sie müssen klar, eindeutig und verständlich sein, wenn man es mit Personen zu tun hat, die weniger gut Deutsch sprechen.

Eine Therapie oder Beratung mit Übersetzung ist nicht zu empfehlen. Erstens, weil viele Themen als intim wahrgenommen werden und dadurch erschwert wird, sich noch einer weiteren Person zu offenbaren. Und zweitens, weil bei vielen Therapiethemen Gefühle und Wahrnehmungen eine wichtige Rolle spielen. Diese können oftmals nur schwer übersetzt werden. Der Übersetzer übersetzt nur das, was er verstanden hat. Es ist also eine Interpretation in jeder Übersetzung dabei. Wo es doch sehr wichtig ist, dass der Klient selbst zu Worte kommt und seinen Gefühlen Ausdruck verleiht (Şahinöz, 2015, S. 70ff).

Redewendungen sind in jeder Kultur unterschiedlich. Deshalb ist es auch schwierig, diese zu übersetzen. Sie ergeben dann meistens in der übersetzten Sprache keinen Sinn. Darauf sollte man achten. Man sollte also keine Redewendungen verwenden, die nicht allen bekannt sind.

Manchmal bietet es sich an, im Gespräch Metaphern zu verwenden, damit bestimmte Inhalte richtig verstanden werden. In der türkischen und arabischen Sprache werden viele Metaphern verwendet, um Sachverhalte zu erklären. So kann man dies ebenso anwenden, wenn man meint, hiermit etwas besser erklären und verständlich machen zu können. Es sollten jedoch eindeutige Metaphern sein, die nicht missverstanden werden können.

Die Berücksichtigung der Biographie, der kulturellen Wurzeln und der Migrationsgeschichte sind das A und O um überhaupt eine Vertrauensbeziehung aufbauen zu können. Hierzu sollten die migrantenspezifischen Probleme, die bereits erwähnt wurden, betrachtet werden.

Um einen ersten Kontakt aufbauen zu können, bietet es sich in speziellen Feldern an, Hausbesuche oder Termine im sozialen Umfeld der Migranten zu machen. Vielleicht trifft man sich für das erste Gespräch in einem Vereinslokal. Das könnte in bestimmten Fällen sehr hilfreich sein, da man so automatisch den Kontakt zur gesamten Community hätte und sich dies schnell in der Gemeinschaft herumspricht. Der Zugang zum Klientel wäre gelungen.

110 Beratung – Inhaltliche Gestaltung 2

Schlüsselelemente der Kommunikation:
> Richtige Aussprache des Namens
> Begrüßung und Abschied beachten

Es wirkt sich auch positiv aus, wenn man den Namen korrekt ausspricht. Vielen Migranten macht es zwar nichts aus, wenn der Name falsch ausgesprochen wird, aber es zeigt trotzdem das Einfühlungsvermögen des Beraters, wenn er vorher fragt, wie der Name korrekt ausgesprochen wird. Schnell hat man eine Vertrauensbeziehung aufgebaut und eine weitere Hürde ist behoben.

Wie schon erwähnt, sind die Begrüßung und der Abschied ein zeremonielles Ereignis in der türkischen und arabischen Kultur. Daher sollte man dies nicht zwischen

Angel und Tür machen, sondern sich angemessen Begrü-
ßen und Verabschieden.

111 Beratung – Tipps

Es macht keinen guten Eindruck, wenn der Berater so tut, als ob er sich in der türkischen und arabischen Kultur sehr gut auskennt, wenn er dies nicht wirklich tut. Denn der Klient wird dies schnell bemerken und dann davon ausgehen, dass der Berater doch "keine Ahnung" von seiner Kultur hat. Daher sollte man stets auf Verständigungsprobleme eingehen und einfach nachfragen, wenn etwas nicht verstanden wurde. Dies wird in diesen Kulturkreisen als Kompetenz, Offenheit und Ehrlichkeit angesehen, da dadurch der Berater signalisiert, dass er sich wirklich um den Klienten kümmert. Denn man kann ja nicht alles wissen, aber man kann alles erfragen.

112 Wie erreicht man Migranten?

Eine Frage, die im Rahmen von Migrations- und Integrationsarbeit immer wieder gestellt wird, ist die Frage, wie man Migranten als Klienten erreichen kann.

Zunächst sei erwähnt, dass es hier keine Patentlösung gibt. Denn trotz des gemeinsamen Nenners, kann es unterschiedliche sein, wie man eine bestimmte Gruppe besser erreicht. Auch die Migrantenvereine sind sehr unterschiedlich. Hier gibt es strukturelle Unterschiede.

Daher ist es wichtig, dass man vorab eine Sozialraumanalyse macht. Hierdurch kann man die Gegebenheiten und Strukturen, aber auch die Erwartungen und Bedürfnisse ermitteln.

113 Welche Migranten?

Eine andere Frage ist, welche Migranten man eigentlich erreichen möchte. Geht es um Neuzugänge, die noch überhaupt keine Informationen haben? Oder um länger in Deutschland lebende? Auch bei diesen gibt es Unterschiede. Die, die in Vereinen organisiert sind, sind viel leichter zu erreichen als die, die unorganisiert sind.

114 Wie erreichen?

Generell gilt jedoch, dass man die Klientel aus diesen Kulturkreisen kurzfristig einladen sollte.

Und dies sollte mündlich geschehen und nicht schriftlich, da, wie schon erwähnt, die Informationsübertragung in diesen Kulturen mündlich stattfindet.

Dabei sollte man auch immer den sozialen Status mitbeachten.

115 Erreichen durch Dienste / Multiplikatoren

Eine effektive Möglichkeit, um Migranten zu erreichen, ist es, Zwischendienste (Multiplikatoren) einzuschalten. Dabei haben sich vor allem Babybesuchsdienste, Begrüßungspakete der Städte und Gemeinden (Infos etc.), Integrationsbeauftragte, Migrationsdienste, Migrantenvereine und Integrationsräte und –ausschüsse bewehrt.

116 Erreichen durch PR

Auch gibt es die Möglichkeit, Migranten durch PR-Arbeit zu erreichen. Auf Veranstaltungen kann z.B. in Form von mehrsprachigen Flyern hingewiesen werden, die sowohl in den Vereinen hinterlegt werden als auch mit den Vereinsvorständen besprochen werden sollten, damit diese es mündlich weitergeben können. Auch gibt es viele Migrantenläden, in denen man die Klientel erreichen kann.

In fast allen Gebieten gibt es zudem Zeitungen, Zeitschriften etc., die in der Muttersprache der Migranten publiziert werden. Es bietet sich an, auch diese Mittel für die Erreichung der Migranten einzusetzen.

Schlusswort

Beim Lesen dieser Lektüre sind sicherlich Themen aufgetaucht, die gar nicht so verschieden sind, wie man es vielleicht aus der eigenen Kultur kennt. Es gibt eben viele Gemeinsamkeiten, die man sich erst bewusst machen muss.

Bei der Beschreibung von interkulturellen Kompetenzen wurde erwähnt, dass Kennenlernen, Anerkennen, Emotional und rational einander nähern, Verschiedenheit achten, Selbstreflexion und Fremdreflexion die wichtigsten Faktoren sind, um sich interkulturelle Kompetenz anzueignen. Darum ging es letztendlich in diesem Buch. Also um die türkische, arabische und muslimische Kultur besser zu verstehen. Durch das Verstehen soll das Zusammenleben und die Arbeit erleichtert werden. Somit nährt man sich und trifft sich auf Augenhöhe. Und nur so kann Verschiedenheit geachtet werden und Integration stattfinden.

Daher …..

… auf ein friedliches und freundschaftliches Miteinander.

Literatur

- Alkonavi A.: Islamisch konstitutionelle Gesellschaftsform gegen Diktatur und Anarchie oder Chaos in den Schriften von Bediüzzaman Said Nursi. Unveröffentlichte Magisterarbeit an der Humbold Universität Berlin. 1994
- BpB (Bundeszentrale für politische Bildung): Bevölkerung mit Migrationshintergrund. 19.09.2019
- Die Welt: Jeder vierte Arbeitslose ist ein Zuwanderer. 14.01.2018
- DIK (Deutsche Islam Konferenz): Zahl der Muslime in Deutschland. Berlin: 2015
- Forum Seniorenarbeit NRW: Ältere Migrantinnen und Migranten in der gemeinwesenorientierten Seniorenarbeit. Forum Seniorenarbeit: Köln, 2013
- Ilkılıç I.: Der muslimische Patient: medizinethische Aspekte des muslimischen Krankheitsverständnisses in einer wertpluralen Gesellschaft. Lit: Münster, 2002
- Laabdallaoui, R., Rüschoff I.: Ratgeber für Muslime bei psychischen und psychosozialen Krisen. Psychiatrie-Verlag: Bonn, 2005
- Nyiri, Z.: Muslims in Berlin, London and Paris: Bridges and Gaps in Public Opinion, 2007
- Obergfell J.: Abwanderung von Deutschland in die Türkei. Absichten, Ursachen, (Hinter-)Gründe. Unveröffentlichte Dissertation an der Friedrich-Alexander-Universität Erlangen-Nürnberg. 2016
- Şahinöz, C.: My Halal Check – Einkaufshelfer für Muslime. Edition Bukhara: Mössingen, 2012

- Şahinöz, C.: Glücksspielsucht unter türkischen Migranten in Deutschland. BOD: Norderstedt, 2015
- Şahinöz, C.: Seelsorge im Islam: Theorie und Praxis in Deutschland. Springer VS: Wiesbaden, 2018
- Şahinöz Cemil: Ahlaq – Moral und Ethik im Islam. Astec: Bochum, 2019
- Schütz A.: „Der Fremde" u. „Der Heimkehrer". in: ders.: Gesammelte Aufsätze. Band 2: Studien zur soziologischen Theorie. Nifhoff: Den Haag, 1972, S. 53-84
- Simmel G.: Exkurs über den Fremden. in: ders: Soziologie. Untersuchungen über die Formen der Vergesellschaftung. Duncker & Humblot Verlag: Leipzig, 1908, S. 509-512
- Spiegel: Jung, gut und unerwünscht. 19.05.2008
- Spiegel: Menschen ausländischer Herkunft haben häufiger Abitur als Deutsche. 09.09.2015
- Statista: Verteilung der Asylbewerber in Deutschland nach Religionszugehörigkeit. 25.09.2019a
- Statista: Religionszugehörigkeit der Deutschen nach Bundesländern. 29.05.2019b
- Statista: Türkei: Bruttoinlandsprodukt (BIP) pro Kopf in jeweiligen Preisen von 1980 bis 2018 und Prognosen bis 2024. 01.10.2019c
- Statista: Anzahl der ausländischen Studierenden an Hochschulen in Deutschland im Wintersemester 2018/2019 nach Herkunftsländern. 01.10.2019d
- Statistisches Bundesamt: Bevölkerung und Erwerbstätigkeit. 2019a

- Statistisches Bundesamt: Zusammengefasste Geburtenziffer nach Kalenderjahren. 2019b
- UN (United Nations): International Migration Report. United Nations: New York, 2017
- Wirtschaftswoche: Jung, erfolgreich, türkisch. 30.11.2019

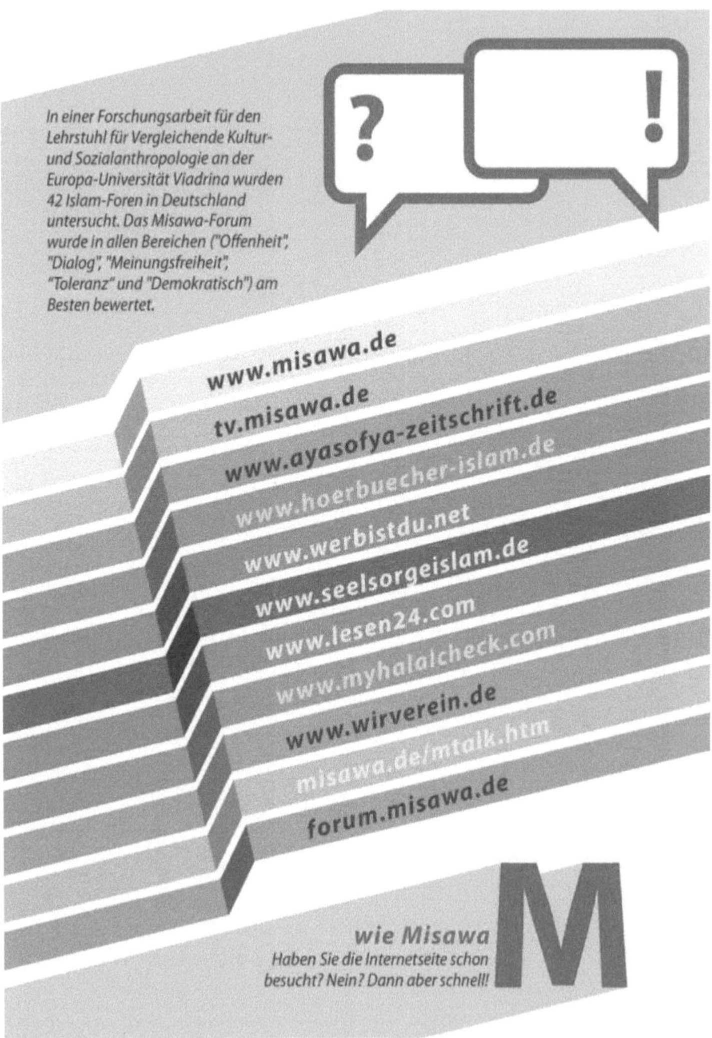

In einer Forschungsarbeit für den Lehrstuhl für Vergleichende Kultur- und Sozialanthropologie an der Europa-Universität Viadrina wurden 42 Islam-Foren in Deutschland untersucht. Das Misawa-Forum wurde in allen Bereichen ("Offenheit", "Dialog", "Meinungsfreiheit", "Toleranz" und "Demokratisch") am Besten bewertet.
www.misawa.de
tv.misawa.de
www.ayasofya-zeitschrift.de
www.hoerbuecher-islam.de
www.werbistdu.net
www.seelsorgeislam.de
www.lesen24.com
www.myhalalcheck.com
www.wirverein.de
misawa.de/mtalk.htm
forum.misawa.de
M
wie Misawa
Haben Sie die Internetseite schon besucht? Nein? Dann aber schnell!

Bücher von Dr. Cemil Şahinöz
gibt es jetzt in jedem Buchhandel
www.lesen24.de - www.misawa.de

Zum Autor

Der Autor Dr. Cemil Şahinöz (Soziologe, Religionspsychologe, Familienberater, Integrationsbeauftragter, geboren 1981) ist Gründer und Chefredakteur der Zeitschrift "Ayasofya". Er hat verschiedene Bücher übersetzt und verfasst. Sein erstes Buch schrieb er mit 15 Jahren und mit 16 Jahren brachte er seine erste monatliche Zeitschrift heraus. Sein Aufsatz "Situation der türkischen Familien in Europa" wurde 2006 von Diyanet (DİTİB) zum "Besten Aufsatz des Jahres" gewählt. Zu verschiedensten Themen macht er Vorträge, Seminare, Fortbildungen, Konferenzen und Workshops. Er ist in verschiedenen Zeitungen und Zeitschriften als Journalist und Kolumnist tätig. Als Journalist begleitete er den deutschen Bundespräsident Christian Wulff und den türkischen Staatspräsidenten Abdullah Gül bei ihrem Osnabrück-Besuch. Şahinöz moderierte den Podcast "Misawa Talk". Hauptberuflich ist er in der Integrationsagentur und Familienberatung tätig. Nebenbei ist er in der türkischen Glücksspielsuchthotline tätig. In der Vergangenheit arbeitete er als Lehrer, Projektmanager, Seelsorger für muslimische Häftlinge, Übersetzer, Editor und Leiter von pädagogischen Angeboten. Seine Webseite (www.misawa.de) wurde unter 42 deutschen Islamseiten in den Bereichen "Offenheit", "Dialog", "Meinungsfreiheit", "Toleranz" und "Demokratisch" in einer Forschungsarbeit an einer Universität am besten bewertet. Als Dank und Auszeichnung für sein Engagement im Bereich Integration wurde er von Bundeskanzlerin Dr. Angela Merkel empfangen und seine Arbeit auf diesem Gebiet gelobt. Şahinöz traf sich u.a. auch mit dem muslimischen Berater von Barack Obama, Rashad Hussain, und gab ihm Informationen über die Muslime und ihren Organisationen in Deutschland. Der AIB (Europäischer Arbeitgeber und Akademiker Verbandes NRW) verlieh ihm im Juni 2011 den "Akademiker- und Integrationspreis." In der Focus Ausgabe Nr. 39 (19.09.2015) wurde er als einer der intellektuellen, muslimischen Jugendlichen in Deutschland vorgestellt und als "Seelsorger" betitelt. Şahinöz ist zu dem Vorsitzender des Bündnis Islamischer Gemeinden (Dachverband der muslimischen Einrichtungen in Bielefeld) und Gründungsmitglied, Generalsekretär und ehemaliger Vorsitzender der European Risale-i Nur Association (Dachverband der Nurculuk Bewegung in Europa).

Kontakt: cemil.sahinoez@gmx.de, www.misawa.de, http://twitter.com/Cemil_Sahinoez

https://www.facebook.com/CemilSa

http://instagram.com/cemilshnz

https://www.youtube.com/user/Cemil4000